生きる力を育てる 3・4・5歳児の絵の指導

幼児の絵のとらえ方・導き方

深田岩男・表現教育研究所編著

畑の草引きをした（5歳）「生活を描く」P.67

黎明書房

おにいちゃんとけんかした（3歳）
「生活を描く」P.45

みかん狩り競争をした（4歳）
「生活を描く」P.60

生活絵巻　家に帰ってからのこと（5歳）（部分）「生活を描く」P.63

雨ふりの日（4歳）
「生活を描く」P.57

弟のいたずら
（5歳）
「表現（描くこと，つくること）をとおして育てたいもの」P.35

弟と2人でお買い物した（3歳）
「生活を描く」P.44

コマまわしをした（5歳）「生活を描く」P.65

マラソン大会で走った（5歳）「生活を描く」P.73

落ち葉ひろいにでかけた（5歳）「生活を描く」P.67

生活絵巻　幼稚園でのこと（5歳）（部分）「生活を描く」P.63

お話絵本
きつねのおきゃくさま
（4歳）「お話を描く」P.85

お話の絵
しまひきおに（5歳）
「お話を描く」P.93

お話絵本
きつねのおきゃくさま（5歳）
「お話を描く」P.97

お話絵本
ことりとねこのものがたり（5歳）
「お話を描く」P.102

お話の絵　かさじぞう（5歳）
「お話を描く」P.95

お話絵巻　ブレーメンのおんがくたい（4歳）「お話を描く」P.87-88

うさぎ（3歳）
「幼児の心の育ちと描くこと，つくること」P.10

うさぎ（4歳）
「幼児の心の育ちと描くこと，つくること」P.11

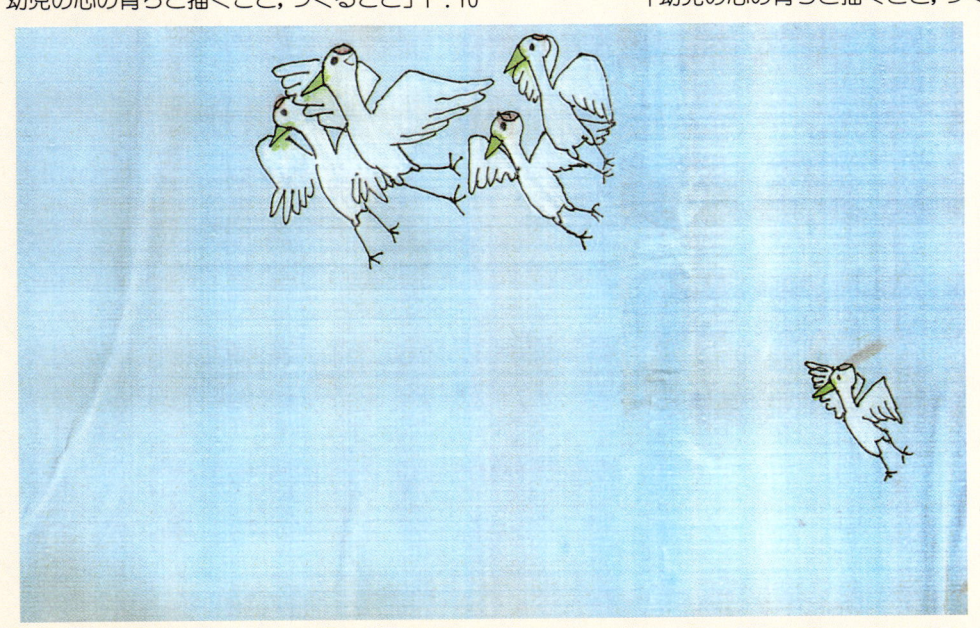
お話絵巻　ひとりぼっちのつる（5歳）（部分）「お話を描く」P.90

かき（5歳）「観察して描く」P.116

どくだみ（5歳）「観察して描く」P.112

ひがんばな（3歳）
「観察して描く」P.106

くわの葉っぱ（5歳）
「観察して描く」P.114

くわの葉っぱ（5歳）
「観察して描く」P.114

くり（5歳）「観察して描く」P.112

新装版の発刊にあたって

　わたしたちは，長年にわたって，子どもたちが，もっと人間らしい意識や感性を取り戻し，それを駆使して表現していくことを願って研究と実践を重ねてきました。そして，その集約としてまとめたのが本書，『生きる力を育てる３・４・５歳児の絵の指導』でした。

　願いは，絵を描き，ものをつくる指導が，色や形の造形にかかわる美の問題を，"見た目の美しさ"にとらわれるような指導ではなく，人間特有の能力としての"「美意識」を育てる"という視点，つまり，さまざまな自然や人間との関係をとおしてその裏にひそむ"目に見えないものを見てとることのできるような目"（真実を見る目）に結びついていくような，鋭い感性と深い洞察力や豊かな想像力を育てるということを重視した視点で子どもとの対応を考え，指導していくことでした。

　わたしたちが考えている子どもたちの「美意識」というのは，「子ども自らが，自然や社会，人間の事実，現象のなかから，その「意味」と「美」を見つけだし，それを言語（文章）で表現することによって，自らの「思想や感情」を創りだし，その活動をとおして，さらに自分がつかみとり，心に感じ，考えたことを一つひとつ再確認していくものである」という，国分一太郎の表現としての「生活つづりかた」の視点です。

　それは，子どもたちが，生活のなかで心に深く刻み込まれた体験の記憶（原風景，原体験）を，自らの意識や感性に基づいて再構築し，表現するという活動をとおして練り上げていく「美意識」なのです。

　したがって，その「美意識」を育む土台となる「感性」と「想像力」を豊かに育てていくという課題は，今なお，重要な課題です。ことに，この国のさまざまな問題をはらむ教育事情からは，これまで以上に重要な緊急の課題となるものです。

　もともと「感性」や「想像力」は，生活のなかの"関係をとおして働く"ものであり，その体験をとおして，磨きあげられていくものです。とくに，幼児，低学年期の子どもたちにとってこの「感性」の働きと「想像力」は重要です。

　わたしたちは，子どもたち一人ひとりの「生活」のなかの内面世界（心）としっかり向き合い，その思いや感覚，感情（感性的体験）を引き出し，描いたりつくったりする活動に結びつけて，その「想像力」をいきいきと蘇らせていく指導を大切にしてきました。

　たとえば，子どもの絵の"聞きとり"をわたしたちが重視してきたのもそのためです。

　脳科学の分野での研究でも，「感性（感覚や感情）の働かないところでは，体験の記憶は生

まれない」(茂木健一郎著『ひらめき脳』)といわれています。

　絵を描き,ものをつくる表現の活動は,この感覚や感情などを含む「感性」に支えられて生まれ,それと連動して働く「想像活動」によってはじめて具体的な意味や内容をもつものとなります。

　したがって,このような「感性」と「想像力」を豊かに育てていくことは,この世界を生きていく"子ども一人ひとりの生き方"をより確かで豊かなものにしていくことにつながる道でもあるわけです。

　とくに,本書『生きる力を育てる3・4・5歳児の絵の指導』では「指導上の疑問に答える」というかたちで,子どもの絵のとらえ方と実際の指導事例を具体的に提示して,子どもの内面世界(心)で働く意識や感性,想像力を,どういきいきと蘇らせ,育てていくかを考え,その指導の要点をまとめたものです。

　本書は,六年も前のものと思われる向きもありますが,教育の体制や内容が一層悪化して子どもが歪められてきている教育現場の状況からは,決して遠い過去の実践ではなく,いまなお,その意味と内容の大切さを痛感しています。ぜひ,本書の子どもの絵のとらえ方や指導事例を参考にしてこれまでの絵の指導を見直し,取り組んでもらえればと思います。

　とくに,幼児の絵の指導となると"どうすればよい絵を描かせることができるか"というマニュアル本が氾濫していて,"見た目の絵つくり"に流されがちです。こんなとき,本書を手にしてくれる先生たちがどれだけいるか,不安な思いを抱えてきたのですが,このような時代だからこそ,その内容の必然性を汲み取り,本書の新装版の発刊を企画していただいた黎明書房に心から敬意を表するとともに,深く感謝いたしております。

　改めて,本書の新装版の発刊を企画していただいた黎明書房の武馬社長ならびに編集部次長斎藤様に厚く御礼申し上げます。

2007年10月

深 田 岩 男

はじめに
―生きる力につながる人間らしい感覚や感情と意識を育てるために―

○本書の意図と扱い方のポイント

　子どもが人間らしく生きるための基盤となるのは，生活の実際（現実）をしっかりと見据えていく目と，そこから生まれる感性，ものごとを鋭敏に感じとる力と想像力です。

　子どもが描き，つくる活動は，このような生活を見る目と感性，想像力を磨き育てる活動です。

　本書では，このような視点から，幼児が描き，つくる活動の意味や内容を具体的な指導の実際とセットにして示しました。日ごろの実際の指導に役立ててもらえればと願っています。

　子どもが人間として生きていくための基盤となる生活を見る目や感性がどのようにつくられ，どのように働くものなのか，について，その要点を次のようにとらえ，考えています。

○大切な生活を見る目

　人間の生きていく基盤は生活です。その生活の事実（現実）が，いま，仮想のものに囲まれて，見えにくくなっています。子どもたちが，安易な空想にひたるのではなく，もっと生活の現実とまともに向き合い，その現実をしっかりと見据え，そこから自分の願いや夢をつくりだしていくような目と心を育てていかなければなりません。

○大切な感性の働き

　子どもが人間らしく生きていくのに必要なものは，知識の量ではなく，自然や人間に触れ，ものごとを感じとる感性です。わたしたちは，子どもたちの描き，つくる活動をとおして，その感性のあり方を問い，育てることを何よりも，まず，重視しなければなりません。

　「われわれ人間にとって，存在するとは，まず，感じることである」と，ルソーはいっています。人間は感性で生きているのです。他者の痛みをわが痛みとして感じることができるのも，他者の思いや行為に共感し，力を貸したり，協力しあうことができるのも感性の働きです。

　感性の働かないところでは，知覚も認識も育ちません。感性は，人間が人間らしくなるための最も基本的なものであり，生きていくためのエネルギーでもあるわけです。

○重視したい感情の働き

　感性とは，感覚や感情の働きをいいます。感性には，人間が生まれると同時に身につけていく身体の感覚と，それを土台にして育まれた生命感覚があります。そして，無意識的に働くこのような感覚を基礎にして，ものごとと関わり，その関わりの中から意識と結びついて生まれる感情の働きがあります。つまり，無意識的に働く身体感覚や生命感覚と意識的に働く感情を総称して感性といっているのです。

　一般に芸術に関係する分野では，人間の感覚に焦点を当てて，感情の働きを軽視してきました。確かに，芸術的活動は，無意識的に働く感覚が重要な働きをしています。しかし，こ

の感覚を呼び覚ましていく感情の働きがなければ，芸術的な活動は成り立ちません。

およそ，人間は，このような芸術的な活動だけでなく，生きるという活動全般にわたって，まず，感情が働き，対象をとらえ，ものごとを意識し，思考したり想像したりして，生きているのです。いわば，感情は，人間の諸活動の重要な原動力となるものです。

最近の子どもたちは，人為的な環境の中で特別扱いされ，思いのままに動きまわるだけの衝動的で粗雑な感覚や感情が目立ち，その質のこまやかさを失っています。その背後には，この国の政治や経済，社会の問題もあるのですが，とりわけ，感性の教育を軽視してきた知育偏重の教育施策の大きな誤りが生みだした結果であるといえます。

わたしたちは，いま，改めて，表現すること（描くこと，つくること）をとおして，子どもたちが現実の生活を見つめ，そこで働く感性（感覚，感情）を磨き，確かで豊かな想像力を子どものものにして，生きていくためのエネルギーを培っていかなければなりません。

本書は，次のような内容の2部からなっています。

Ⅰ 幼児の絵のとらえ方・導き方 Q&A

最近，子どもたちの表現（描くこと，つくること）は，以前の子どもたちに比べて幼稚さが目立ち，概念化した記号的なものになっています。このような表現の幼稚さや，概念化は，表現の技術が低下したのではなく，感性（感覚，感情）の鋭さやこまやかさが失われ，活力のないものになって，その感性と連動した想像する力が極度に貧弱になった結果です。

子どもの表現は，生活の事実と向き合い，その事実から感じとった感性（感覚，感情）を土台にしてイメージをつくり，描き，つくる表現の活動をするのです。

第Ⅰ部「幼児の絵のとらえ方・導き方Q&A」では，「感じること」が，生活の中で，どのように働くのか。また，その感じ方を鮮明なものにするために，どのような働きかけをすればよいのかを，子どもの生活の現状から考え，その手立てや方法を示しました。

Ⅱ 幼児の絵の指導の実際

人間には，外からの刺激に対して働く驚きや喜怒哀楽の感情があり，この驚きや喜怒哀楽の感情で，対象を受け止め，判断し，行為，行動をつくりだしていきます。

子どもの絵も"何を描くか"というときの，その事柄に対する感情が重要な働きをします。記憶されている体験の驚きや喜怒哀楽の感情の鮮明さが，記憶表象として描く内容を決定していくのです。子どもの絵は，このような感性の働きによって描かれ，つくられるのです。

第Ⅱ部「幼児の絵の指導の実際」では，描き，つくる子どもたちの絵が，どのような感性の働きによって生まれ，どのように描かれるか。また，それを，どのように引きだしていけばいいのか。その表現活動の要点を「生活を描く」「お話を描く」「観察して描く」「ものをつくる」という領域を設定して指導案の型式で示しました。そして，その指導の事例として，描かれた子どもたちの絵と，その内容の解説を入れて紹介しました。

もくじ

はじめに―生きる力につながる人間らしい感覚や感情と意識を育てるために―　　……　1

I　幼児の絵のとらえ方・導き方 Q&A

1　幼児の心の育ちと描くこと，つくること　　……　8

- Q1　子どもの絵は，自由にのびのびと描かせることが大切だといわれますが，自由にすると，ほとんどが，いいかげんな絵になってしまいます。それでいいのでしょうか。　　……　8
- Q2　絵を描くとき，子どもの思いや考えが大切だと思いますが，それよりも，色や形が描けることの方が大切なのでしょうか。　　……　10
- Q3　幼児期の子どもが，絵をいきいきと描くのは，描き方ではない何かがあるように思いますが，それは，何なのでしょうか。どのように働きかければいいのでしょうか。　　……　12
- Q4　幼児期に描く子どもの絵は，どのように発達し，育っていくのでしょうか。　　……　14
- Q5　幼児期の子どもの描いたり，つくったりする活動で，とくに大事にしていきたいことは，どんなことでしょうか。　　……　16

2　幼児の生活と描くこと，つくること　　……　18

- Q6　子どもたちのいきいきとした目の輝きを失わないために，日ごろの生活で，親や保育者は，どのような視点で関わっていけばいいのでしょうか。　　……　18

Q7 幼児期の子どもの絵は，ほとんど，経験して知っていることを描いているだけのように思いますが，そんな絵の描き方で創造性が育つのでしょうか。 …… 19

Q8 最近，子どもたちが生活の絵をいきいきと描けないのは，子どもたちの生活と心が荒れているからだといわれますが，ほんとうに，そうなのでしょうか。 …… 20

Q9 幼児期の子どもが，生活の絵を描くとき，生活体験のどのようなことを描けばよいのか，その指導のポイントになるような働きかけ方を教えてください。 …… 22

3　幼児がイメージすることと描くこと，つくること …… 24

Q10 幼児期の子どもが絵を描くとき，どのようにイメージをつくって描くのでしょうか。また，子どもがイメージをつくるときに，何が大切なのでしょうか。 …… 24

Q11 幼児期の子どもが絵を描くとき，どのように形や色のイメージをつくって描いていくのでしょうか。イメージと造形の関係を教えてください。 …… 26

Q12 幼児期の子どもが絵を描くとき，指導者は，どのような材料，用具の配慮をしていけばよいのでしょうか。何か大切なことがあれば教えてください。 …… 28

Q13 幼児期の子どもの絵は，見るものではなく，読みとるものだといわれるのはどうしてなのでしょうか。また，どのように読みとればいいのでしょうか。 …… 29

4　表現（描くこと，つくること）をとおして育てたいもの …… 30

Q14 幼児期の子どもが，いきいきと絵を描くために，描き方の指導で何か大切なものがあるように思いますが，あれば教えてください。 …… 30

Q15 子どもが描いたり，つくったりする表現の活動で，大切なのは感性だといわれますが，それは，具体的にどのようなもので，どのような働きをするのでしょうか。
…… 32

Q16 子どもたちが絵を描いたり，ものをつくったりする活動は，子どもたちのどのような能力を育て，子ども自身の心の育ちに，どのように関わっていくのでしょうか。
…… 34

Q17 "生きる力を育てる"とさかんにいわれていますが，それはどのような力なのか，また，それは具体的にどのような活動で，どう育てるのか，教えてください。 …… 36

もくじ

II　幼児の絵の指導の実際

1　生活を描く　……40

3歳児「かぞくのことを描こう」　……40
3歳児「休みの日のことを描こう」　……43
3歳児「幼稚園のことを描こう」　……46
＊幼稚園生活の中の特異なできごとを扱う題材　……48
4歳児「わたしの家の人を描こう」　……49
4歳児「動物園のことを描こう」　……51
4歳児「畑のしごとを描こう」　……53
4歳児「休みの日のことを描こう」　……56
4歳児「お楽しみ会（幼稚園の催し）のことを描こう」　……59
＊筆描きをしよう　……61
5歳児「わたしの一日」　……62
5歳児「畑の草引きをした（畑活動）」　……66
5歳児「運動会のことを描こう」　……70
5歳児「マラソン大会のことを描こう」　……72
5歳児「みそづくりをしたことを描こう」　……74
5歳児「劇あそびのことを描こう」　……76

2　お話を描く　……78

3歳児「お話絵巻　ちいさなこだまぽっこ」　……78
3歳児「お話の絵　きつねのおきゃくさま」　……80
4歳児「お話絵本　きつねのおきゃくさま」　……83
4歳児「お話絵巻　ブレーメンのおんがくたい」　……86
5歳児「お話絵巻　ひとりぼっちのつる」　……89
5歳児「お話の絵　しまひきおに」　……92
5歳児「お話の絵　かさじぞう」　……94
5歳児「お話絵本　きつねのおきゃくさま」　……96
5歳児「お話絵本　ことりとねこのものがたり」　……99

3　観察して描く　……103

- 3歳児「いちごを描く」　……103
- 3歳児「ひがんばなを描く」　……105
- 4歳児「いねの穂を描く」　……107
- 4歳児「"なすびの木"と葉っぱを描く」　……109
- 5歳児「どくだみを描く」　……111
- 5歳児「くわの葉っぱを描く」　……113
- 5歳児「かきを描く」　……115
- 5歳児「野草図鑑をつくる」　……117
- ＊色の指導〈指導の基本的なとらえ方・扱い方〉　……119

4　ものをつくる　……120

- 4歳児「かごめかごめ（ねんどでつくる）」　……120
- 5歳児「わたしと家の人（ねんどでつくる）」　……122
- 5歳児「野焼きをする」　……125
- 5歳児「自然の色を染める」　……130
- 5歳児「ダンボールで車をつくろう」　……133
- ＊うさぎ小屋をつくる　……136
- ＊ものをつくる指導〈指導の基本的なとらえ方・扱い方〉　……137

幼児の絵の
とらえ方・導き方Q&A

かぞくみんなでたいそうをした（3歳）

1 幼児の心の育ちと描くこと、つくること

> **Q1** 子どもの絵は、自由にのびのびと描かせることが大切だといわれますが、自由にすると、ほとんどが、いいかげんな絵になってしまいます。それでいいのでしょうか。

戦後の教育と子どもの絵

　幼児の絵は"自由にのびのびと描くことが大切なのだ"ということが、ほとんど、常識のようになっていて、その指導に混乱をまねいています。

　この"自由にのびのびと"描くこと（表現すること）が大切だといわれだしたのは、戦後まもなくのころでした。敗戦によってもたらされた新教育。それに呼応して起こった"創造美育"の運動からでした。

　しかし、結果として、戦後の日本では、新しい民主主義の自由な教育を進めようとしてきたように見えますが、ほんとうの"自由を保障する民主主義の教育"にまでは発展しませんでした。

安易なのびやかさ、自由

　"創造美育"の運動も「子どもたちを、あらゆる抑圧から解放するのだ」といいながら、実際は、心理的な抑圧からの解放に専念するだけで、ほんとうの人間の自由を獲得していくような解放にはいたりませんでした。

　「のびのびと表現できないのは、子どもの心を抑圧しているものを取り払うことができていないからだ」といい、ただ、やみくもに「思いのままに自由に描けばいい」というのです。子どもは、思いついたことを思いつくままに描いて、好きなように遊んでしまい、結果として内容のない絵になってしまいます。この安易な"のびやかさ""自由さ"は、今もなお根強く残されているのです。そして、結果的には、子どもたちの"思いつき"の、奇抜さを求めるだけの"絵つくり"になってしまっていて、それが"子どもの創造力なのだ"と信じられているのです。

　しかし、大切なのは、そのような薄っぺらな"自由さ"や"思いつき"のおもしろさではなく、子どもが日々体験していく生活体験の大きなうねりであり、その体験の印象と記憶の確かさです。そして、その印象や記憶を鮮明にした強い感性（感覚、感情）の働きです。それが、いきいきとした表現を生む土台となるのです。

童心主義の誤り

　もともと、人間の感性は、生まれながらにして備わってはいるものの、磨かなければ衰えていきます。これと同様に、子どもの言動を、すべて"ありのまま"のものと見て、賛美し、肯定する童心主義の誤りがあります。

ゆがめられた自由

　最近、"自分をありのままに表現する"ことが、子ども本来の"自由な表現"であり、それは、自分を"思いのまま"に表現することなのだ、といわれています。ところが、いま、子どもの"ありのまま"の姿そのものが、ゆがんできています。

1　幼児の心の育ちと描くこと，つくること

大切な生命感覚

　子どもは，本来，自分が人間として，この世に生きていくために，無意識的に自分にそなわった感覚で環境と関わっていこうとします。これは"生命感覚"といい，能動的に自分の体と心を維持し，更新していこうとする，いわば，"新陳代謝"をくり返し，自らを育んでいく能力です。

　この"生命感覚"というのは，自らの身体の感覚を土台にして，その身体の感覚を総合した働きをする感覚であり，直感的に判断する力なのです。

　ところが，いま，子どもたちの，そのような生命感覚で，ものごとに関わっていくような生活や体験が失われ，それに代わって，早くから大人の観念や概念が押しつけられ，その能力を弱めています。体験をとおして身につけていく感覚，"身体感覚"や"生命感覚"を飛び越えて与えられることばも，そのひとつであり，いま，さかんな"習い事"も高度な概念の獲得をめざすゆがんだ観念の押しつけです。

ゆがめられた生命感覚

　このように，子どもたちが，人間として生きるための基本的な人間本来の能力，"生命感覚"を磨くことが忘れられているのです。そのため，ほんとうの子どもたちの"ありのまま"がゆがめられ，"人間らしい感性"が育たなくなっているのです。子どものほんとうの"自由さ"や"のびやかさ"は，そこから生まれるものである，ということを忘れてはなりません。

　そのために，子どもがほんとうに"自由にのびのびと"描くには，単なる"思いのまま"ではなく，人間らしい"生命感覚"で，ものごとに関わり合っていく関わり方が保障され，その目と心で，ものごとを"ありのまま"に見，感じていく子どもの素直さ，素朴さを取りもどさなければなりません。その上に立ってはじめて，ほんとうに"自分をありのままに表現する"ことができるようになるのです。

マラソンをした（5歳）

> **Q2** 絵を描くとき，子どもの思いや考えが大切だと思いますが，それよりも，色や形が描けることの方が大切なのでしょうか。

造形する能力よりも素直な目と心

　いうまでもなく，絵は形や色で表現される"造形美"です。"造形感覚"や"造形操作"が重視される理由はそこにあります。

　しかし，大切なのは，その形や色にこめられている描き手の心（意識や感情）が，どのようなものであり，何を語ろうとしているかです。

　とくに，幼児の場合，目（ものの見方）や手（技能）の働きは未熟です。この"未熟さこそが創造的なのだ"という人もいます。しかし，子どもは，この未熟さのゆえに，自分の目と手を結びつけてコントロールすることができずにいるのです。むしろ，子どもが"その絵にどれほどの強い感覚や感情の高まりをもって描いているか"，それを"どれほど素朴に語ろうとして描いているか"ということの方が重要なのです。

　子どもの描く絵が，大きな紙に勢いよく描かれていれば，のびのびした絵だとは限りません。ときには，ただの荒っぽい粗雑な絵にすぎないものもあります。ものの形や色が巧みに描かれていても，いきいきと描かれた絵だとはいえません。

　下の絵と次頁の絵のように，形にならないような絵でも，のびやかでいきいきしたものがあります。また，大きな画面に，こぢんまりと小さく描かれた絵でも，子どものこまやかな心の息吹がいきいきと伝わってくる絵もあります。

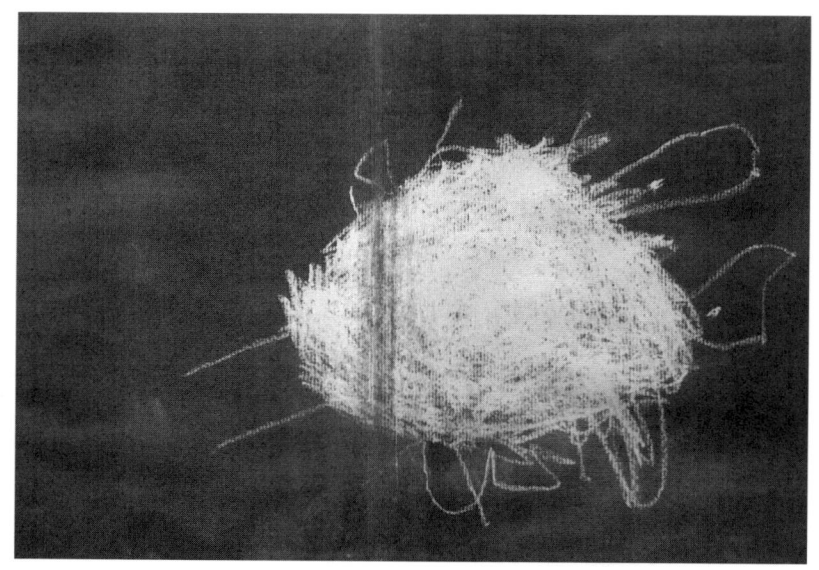

うさぎ（3歳）

1　幼児の心の育ちと描くこと，つくること

前頁の絵と下の絵は，3歳と4歳児が描いた「うさぎ」の絵です。

幼稚園で飼っているうさぎが赤ちゃんを産みました。みんなで，その赤ちゃんうさぎを見にいって，部屋に帰り，描いたのです。

3歳児の描いたうさぎ

前頁（左）の絵は，3歳児が，赤ちゃんうさぎを"だっこ"して，触った毛の"ふあー"とした感じをけんめいに描こうとして描いたものです。

形としてうさぎの形になっていませんが，あの柔らかい"ふあー"とした毛の感触を感じ込めて描いています。

この絵のように，視覚的な形としてのまとまりはありませんが，触覚をとおして感じとった実感，"ふあー"とした毛の感触を，けんめいに描きだそうとする子どものいきいきとした感覚的な実感が伝わってきます。

4歳児の描いたうさぎ

下の絵は，同じように赤ちゃんうさぎを見にいって描いたものです。この子（4歳児）はうさぎを親と子のほのぼのとした姿として描いています。おかあさんとの日ごろのくらしの中で交わされてきた親と子の感性的な交流，温かな親子の関わり合いが，この絵の中に素直に映しだされています。

大切な実感すること

このように，子どもが絵を描くのに必要なのは，自分をコントロールできないままに勢いよく描く"のびやかさ"ではなく，子どもなりに体験している具体的な生活の中のものごとに対して働いた感覚や感情を，素直に描こうとする子どもの"実感"です。

子どもの絵は，造形的な感覚やその操作をするだけのような表面的な表現形式の問題ではなく，どこまでも，子ども自身の体験をとおして感じとった実感のこもった内容のある絵であることが重要なのです。

うさぎ（4歳）

> **Q3** 幼児期の子どもが，絵をいきいきと描くのは，描き方ではない何かがあるように思いますが，それは，何なのでしょうか。どのように働きかければいいのでしょうか。

**造形あそびの
まちがい**

　子どもが絵を描いたり，ものをつくったりするのは，描くこと，つくることで，欲求不満を発散させているのではなく，また，芸術を創りだそうとするのでも，巧みさ（技術）を身につけようとするのでもありません。

　ところが，いま，子どもが絵を描いたり，ものをつくったりする"美術"（造形）の教育は，"造形あそび"などという指導内容に象徴されているように"創造的技能"と"造形感覚"を育てるという，ただ，"造形"することだけが美術の教育であり，そのような指導が当たり前のようになっています。しかし，ほんとうの美術の教育は，そんなところにあるのではありません。

**大切な幼児の
感覚的感情**

　子どもたちは，日々，生活の具体的な"もの"や"こと"と向き合い，関わりながら，驚きや喜怒哀楽の感情を味わい，生きています。その生活の中で揺れ動く波のようなさまざまな感情のうねりが，印象として記憶され，その記憶を思い起こすことで，意識的に子ども自身の中で再体験化され，表現への意欲をかり立てていくのです。

　もちろんそれは，感情だけではありません。もっと心の奥深く潜む感覚とも連動しています。表現は，そのような"感覚的感情"に支えられて成り立っているのです。

　とくに，幼児期の子どもは，感覚的なものが強く働く感情の世界を形づくっています。なぜなら，それは，子どもの知覚の世界と関連していて，知的概念の世界が狭く，知覚の不十分さを補うため，これまでに獲得した身体感覚と，その身体感覚によって培われた生命感覚を，より鋭く敏感に働かせることになるからです。

　子どもは，このような"感覚的感情"でものごとと向き合い，関わり合って，さまざまな感情を体験し，子どもなりに記憶の世界をつくっています。そして，その記憶に支えられて体験を振り返り，表現するという活動をとおして，生活や人間の真実を発見し，またその一方で，自分を見つめ，ほんとうの自分に気づいていくのです。

　子どもが絵を描いたり，ものをつくったりする指導では，子どもが自然のこと，社会のこと，人間のこと，広い世間のことを，さまざまに感じ，考え，生きている，そのことに目を向けさせることです。そして，子どもの心の中に潜む生活感情を呼び覚まし，そこで味わった感覚や感情を表現しようとさせることです。そこから，子どものいきいきとした表現が生まれるのです。

1　幼児の心の育ちと描くこと，つくること

下の絵「よしゆきのひるね」は，「学校からかえってみると，弟がひるねをしていました。無心に眠り込んでいる弟の口元にヨダレのあとが，ひとすじありました。この絵は，弟の肖像画であるとともに，弟思いのBくんの心の肖像画でもあります」（栗岡英之助著『乳幼児期の表現』明治図書出版）。

大切な素直な目と心

この絵のように，子どもが，生活の中で，心の目をとおしてとらえたできごとを素直に描いていくような感性の働きを呼び覚ますことです。

そのためには，子どもを受け容れ，共感する保育者の姿勢がなければなりません。その上で，それぞれの子どもたちに，どのような"ことばかけ"をしていくかを考えることです。もちろん，その"ことばかけ"をするためには，その子の置かれている生活の環境（自然，地域，人間関係）や，その子の，そのときの心情をできるだけ深く読みとっていかなければなりません。

「表現は，自分を"ありのまま"に表現することだ」といわれています。子どもを受け容れ，共感するというときに，この子どもの"ありのまま"を"思いのまま"と取り違えてはなりません。子どものすべてを"善なるもの"として受け容れるのではなく，"悪なるもの"もふくめて受け容れ，人間本来の生命感覚，つまり，能動的に自分の体と心を維持し，つくり変えていこうとする感覚的な能力を重視し，その能力に基づいて現れてくる子どもの素直な目と心に共感することです。それは，子どもが，ものごとにいきいきと関わってきた，生活の中の感覚体験や感情体験を重視することです。そして，そこから生まれた子どもの素直な驚きや発見に共感し，その実感を大事にして描いていくように働きかけることです。

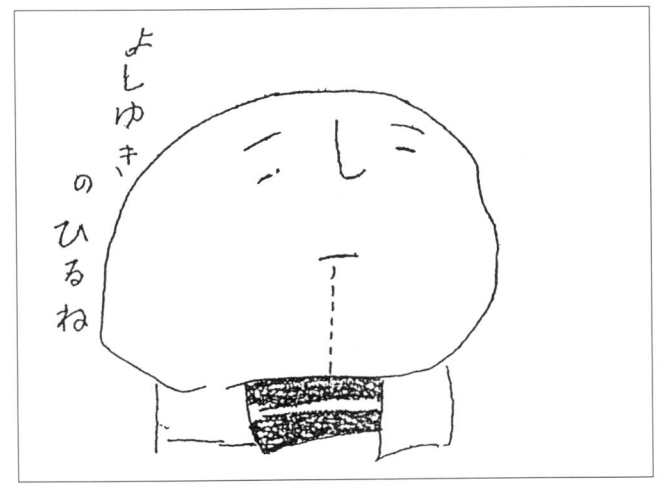

よしゆきのひるね（8歳）

Q4　幼児期に描く子どもの絵は，どのように発達し，育っていくのでしょうか。

子どもの絵の発達

　0歳児から成人にいたるまで，人はどのような筋道をとおって発達していくか，ずいぶんと克明に研究されてきました。しかし，それは，その段階で，トータルとして現れた子どもの特徴であり，あくまでも一般的な発達の筋道です。

　個々の子どもの育ちや発達は，子ども自身の置かれた環境，地域，自然，人間関係によって，その育ちや発達にさまざまな違いが生まれるのです。つまり，子どもの発達は，生活によって形づくられていくのです。

　子どもの絵の発達についても，ローウェンフェルドやケロッグなどによって精細に研究され，どのように発達していくか，その順次性が明らかにされています。"なぐりがき"から図式を発見し，その図式がしだいに複雑化し，多様化していく過程がありますが，ローウェンフェルドやケロッグなどの研究に欠けていたのは，これも結果として見えてきた発達の順次性であって，子どもの内的な心の動きと描く行為の関係には，あまり深く触れられていません。つまり，トータルとして，子どもは，どの段階でどのように描くようになるかという結果の集約であって，子どもの内的活動（精神活動）との関係は明らかにされていません。したがって，子どもの絵の発達は，ローウェンフェルドやケロッグなどによって示された順次性をまちがいとして見るのではなく，あくまでも一般的な発達の目安として見なければなりません。

　現代の子どもの絵は，以前に比べて，その発達が加速化し，ローウェンフェルドやケロッグの研究した結果よりも，描画活動は早くからはじまり，描く図式の内容も多様になり，複雑さを増してきています。

なぐりがきの特徴

　なぐりがきがはじまるのは，子どもによって違いがありますが，1歳半ごろからはじまる子があります。おかあさんがもの書きをしているのをまねて，何かを書きたがるというのが直接の動機となることが多く，ペンやエンピツを握って，力強く紙の上に斜線描きをします。そして，「はい，おてがみ」などといったりします。このように"なぐりがき"はおかあさんの"行為の模倣"としてはじまる場合がほとんどです。

　その後の"なぐりがき"は描かれた線の現れを楽しんだり，かきなぐることの繰り返しが少し続きますが，つぎの段階では，自分の描いた線に意味づけをするようになります。これは子どもが描くこととイメージを結びつけるようになった現れであり，2歳ごろになるとイメージしながら"なぐりがき"をするようになります。表現といえる活動をはじめたことになるわけです。

1　幼児の心の育ちと描くこと，つくること

図式の発見

　2歳半から3歳ごろになるとなぐりがきから，ものの形らしい形が生まれます。部分的でやや不確かな線描ですが，たとえば，○のような形を描いて「これ，おとうさん」といったり「おかあさん」といったりします。それは，いわば，記号のようなものですが，たんなる思いつきの意味づけではなく，子どもの意識的な感情の働き"おとうさんへの思い"に突き動かされ，イメージして描いているのです。これは，もう表現の世界です。

図式の確定と内面の育ち

　2歳から3歳ごろに生まれた不確かな線描が，しばらくして確定したものの形として描かれるようになります。たとえば，○が○としてしっかりと閉じられた○に描かれるのです。その他のものの形も同様に，一定のまとまりのある形に描かれます。（特徴的なものは頭足人といわれる人の図式）

　このような図式の確定には，その背後に，重要な子どもの内面（心）の意識の変化があります。子どもは，これまで，多くの人たちと向き合い，反発したり，共感したりして，人と関わり合ってきて，共鳴したり，自己主張したりして生きているのですが，自分というものをあまり意識してはいないのです。ところが，それが，鏡に映った自分を見るように，はっきりと自分の内側の世界と外の世界の違いを意識し，区別するようになるのです。その現れが，この図式の確定となるのです。

図式の多様化と感性の育ち

　子どものイメージする世界が多様化してくると，それとともに，描かれる図式も多様化してきます。この図式の多様化にとって重要なのは，感覚や感情をともなって記憶されている体験の豊かさです。

　この時期の子どもたちは人やものとの関係に強い関心をもって生活しています。そして，積極的に対象と向き合い，行動します。この積極的な行動が，子ども自身の身体感覚を豊かにし，その身体感覚に基づいて，直観的な感覚や感情のこまやかさを身につけていくのです。そして，この感覚や感情の働きが，記憶の世界を豊かなものにするのです。子どもにとって，描かれる図式が多様化し，こまやかさを増していくのは，このような体験の記憶に基づくイメージの豊かさです。

　その後の子どもの描く図式は，あまり変化が見られないことが多いのですが，それは，子どもが自分なりに，やっとつくりあげた形の概念だからです。この形の概念は，見たものを見たもののように描こうとする視覚によって描くのではなく，知っていること（知覚）に基づいて組み立てられたものです。

　図式が単純なものから複雑なもの，多様なものに発展していくのはたんなる知識の豊かさではなく，体験をとおして感じとった感覚，感情に支えられたイメージする力，想像力の多様さ，こまやかさが大切なのです。

Q5 幼児期の子どもの描いたり，つくったりする活動で，とくに大事にしていきたいことは，どんなことでしょうか。

大切な記憶の世界

　子どもが絵を描いたり，ものをつくったりする活動で，一番大事にされなければならないのは，描く技術でもなければ，造形感覚でもありません。
　子どもが絵を描いたり，ものをつくったりするのは，子どもの内面に取り込まれている記憶を，色や形に再現しようとする活動です。したがって，この記憶を再現しようとする，そのときの子どもの記憶の世界が重要な位置をしめます。人間の記憶の世界というのは，生活の経験や体験の印象深いものが記憶されます。そして，その記憶の重なりが人間の心（精神）の世界を形づくっているのです。つまり，表現に向かう子どもの心（精神），感覚とそれに支えられて現れる驚きや喜怒哀楽の感情が大切なのです。

記憶をつくる感覚，感情

　子どもが，生活の経験や体験をとおして，どのような記憶の世界をもっているかが表現の内容を決定していくということにもなります。
　しかも，この記憶というのは，経験や体験をとおして感じている感覚や感情に支えられて記憶されているのです。感覚や感情の働かない経験や体験は記憶されることがないのです。

大事にしたい感覚，感情

　子どもが，身体をとおして味わう痛みや快感などの身体感覚。その上に立って生みだされる直感的な生命感覚。日々の生活の中で味わう感情。驚きや喜び，悲しみ，怒りの感情。それは，描く，つくるという表現の活動だけでなく，生きるという活動すべてに欠くことのできないものとしてあります。
　人はだれでも感情の働きを中心にして生きています。中でも，子どもにとって重要なのは，日々の生活の中で味わう感情体験です。ものごとと向き合い，関わり合う生活は，つねに感情の働きを生み，驚きや喜怒哀楽の感情を味わうのです。この驚きや喜怒哀楽の感情が，また，ものごとに向き合い，関わり合っていくエネルギーを生み，生きていこうとする力の土台ともなるのです。子どもの表現も，このエネルギーに支えられて成り立っています。
　わたしたちが，とくに大切にしたいのは，このような子どもの感情体験（生活感情）であり，その感情体験から生まれるエネルギーです。

受動感情と能動感情

　しかし，子どもの感情体験のすべてが，描くこと，つくることに結びつくものではありません。およそ，感情は，外からの刺激によって，わき起こるもので，受動的なものです。したがって，その受動的な感情を表現しようとするときは，伝えたいという能動的な感情に置き換えなければなりません。
　たとえば，驚きや喜びの感情は，即座に能動的なものに変えて，表現しよ

1　幼児の心の育ちと描くこと，つくること

うという意欲に結びつけていくことができますが，悲しみや失望の感情は，その悲しみや落胆のあまり気力を失い，表現しようという能動的な意欲には簡単に結びつきません。そのために，それを表現しようとするには自分自身の中で，それなりの整理と決断を必要とします。つまり，それなりの吟味をとおしての意味づけや納得を必要とするのです。

子どもの能動感情を育てる

子どもの場合，たとえば，"おかあさんに叱られて，お尻をぺんぺんされた"というような悲しくて，いやな体験は，本来，描こうとはしないものです。そこで働いた悲しみの感情や嫌悪感は，絵に描こうとする意欲にはつながらないのです。しかし，幼い子どもは，そのような体験でも，能動的に，それを描こうとします。

子どもにとって，悲しくて，いやな体験は，印象深く子どもの心に大きく広がり，子どもの心をとらえる感情体験ですが，子どもにとっては，つぎからつぎへと打ち寄せるさまざまな感情体験の波のひとつであって，それに打ちひしがれて思い悩み，こだわりつづける気力をもち合わせていません。

しかも，このような悲しくて，いやな体験は，よほど悲しくてつらいものでないかぎり，日常的な感情体験であって，その悲しみやつらさは，いつか，どこかで，それを快く癒し，励ましてもらえるおかあさん（養育者）やそれに類する人の存在があることを知っているのです。だからこそ，その悲しみにとらわれないで描くのです。いわば，子どもは，このような信頼に支えられて感情体験をしているともいえます。

大切な感情体験と感情のエネルギー

このような信頼に支えられた感情体験が，子どもには，能動的な感情をつくりだすエネルギーの源となり，そこに，子どもの素朴にものを見る目と心を育んでいく土台があるのです。

子どもの描く絵がなげやりで，生気がなく概念化し，図式の描き方も稚拙化して，内容のない絵が多くなってきているのは，さまざまなマイナスの受動感情に打ちひしがれてばかりの毎日のため，子どもの，このような能動的な感情のエネルギーが，しだいに失われ，いつのまにか自分の中に閉じこもり，活力を失っていくのです。そして，子どもの感情はますます概念化し，形式化して，ひからびた感性のもち主になり人間らしさを失っていくのです。

表現をとおして育てたいもの

このような感覚や感情の体験と表現の関係を見ていくと，幼児期の子どもたちが絵を描いたり，ものをつくったりするときに，一番大事にしなければならないのは，子ども自身の豊かな身体感覚と，より鋭敏な生命感覚，そして，こまやかに働く生活感情を呼び覚まし，能動的にものごとと関わっていくような意欲（意志の力）を育てていくことです。

2　幼児の生活と描くこと，つくること

> **Q6**　子どもたちのいきいきとした目の輝きを失わないために，日ごろの生活で，親や保育者は，どのような視点で関わっていけばいいのでしょうか。

素朴な目と心の回復

　子どものいきいきとした目の輝き，それは，純粋で素朴な目と心から生まれるものです。しかし，単純に子どもの"あどけなさ"や"愛らしさ"に感動していては，本物の"純粋で素朴な目と心"を見て取ることはできません。

　いま，このような子どもたちの"素直にものを見る目と心"が曇ってきています。この曇りからの回復は，大人もふくめて浸り込んでいる仮想の現実（バーチャル・リアリティー）から脱却していくことであり，それはまた，子どもたちが意志と感情を働かせて関わり合う生活の事実とまともに向き合うことです。

仮想現実とは

　いまのわたしたちの生活は，物質的な豊かさの中で，消費生活をしています。この消費生活は，そのほとんどが，人間が生きるための生産活動と結びつかない物質文明の中の生活です。そのため，わたしたちは"生"の自然や生命と直接的に関わり合うことのない人工的，人為的な"つくられたもの"に囲まれた生活をしています。この"生"の現実ではない"つくられたもの"に囲まれた生活は，たんなるものとの関わりだけでなく，人間の内的な意識や感情までが，仮想の世界を現実であるかのようにとらえ，感じ取っているのです。このような仮想現実の中の生活は，意志や感情，思考などという人間の精神活動を弱め，実感のない表面的で，形式的な安易なものの見方や感じ方をつくりだしているのです。

子どもの仮想の世界

　ある幼稚園で，園児（5歳）が"楽しくないお話はきらい"と，お話をあまり聞こうとしなかったというのです。夢のような語りの世界がお話だと思いこんでいるのか，命がけで立ち向かっていくようなお話のもつ生々しさ，現実の厳しさに耐えられなかったのでしょう。

　もちろん，そのようなお話が，子どもたちに適切なものであったかという問題はありますが，それにしても，仮想現実に浸り込んだ生活は，現実の厳しさを回避するだけで，何ひとつ真実なものに触れることはありません。その上，この仮想現実に浸り込んだ生活は，当座の安楽さに酔って，生活への無気力さを生み，感覚や感情がパターン化して，その働きを弱めていくのです。

素直な目と心を取りもどすために

　いま，子どもたちに必要なのは，生の現実，自然や人間がひたむきに生きようとしている，その生命活動の事実と向き合い，感覚や感情の働きをエネルギーにして，身のまわりの"ものごと"と積極的に関わっていくような活動（生活）をつくりだしていくことです。

2　幼児の生活と描くこと，つくること

> **Q7**　幼児期の子どもの絵は，ほとんど，経験して知っていることを描いているだけのように思いますが，そんな絵の描き方で創造性が育つのでしょうか。

表現は造形の枠を越えたもの

　もともと，子どもが絵を描いたり，ものをつくったりする活動は，"美術"だとか"造形"だとかいわれるものの枠を越えた生活の活動のようなものとして展開されます。子どもは，ひたすら日々の生活の中で感覚を働かせ，驚きや喜怒哀楽の感情を実感して，想像したり，考えたりしながら生きています。そして，さまざまな手段や方法(身ぶり，表情，ことば，描く，つくる)で，それを表現しているのです。

　子どもが育つというのは，このような活動（生活）をとおして，自然や社会，人間を理解し，その真実や美しさを発見し，その目をとおして，自分自身を見つめ，育んでいくのです。

イメージ，行動は感性の働き

　子どもが生活で経験したことを描くのは，子どもの生活が，最も子どもにとって，いきいきと感性の働く場であるからです。つまり，感性の働かない経験や体験は，意識も働かず，考えることも，イメージすることも成り立たず，能動的に行為行動することもないのです。

ほんとうの創造性

　子どもにとって，生活こそが心的活動の場であり，このようないきいきと感性の働く心的活動のないところから創造性が生まれることはないのです。

　下の絵は，3歳の子が，夜，寝るときに，おかあさんに添い寝してもらいながら"とんとん"してもらって寝たときの安らぎと喜びを描いています。

　ものの形さえも形らしく描けない子が，おかあさんに"とんとん"してもらっている手を，あとで気づいて長く自分の胸まで描き加えました。このリアルさを求める描き方が創造性につながるものなのです。

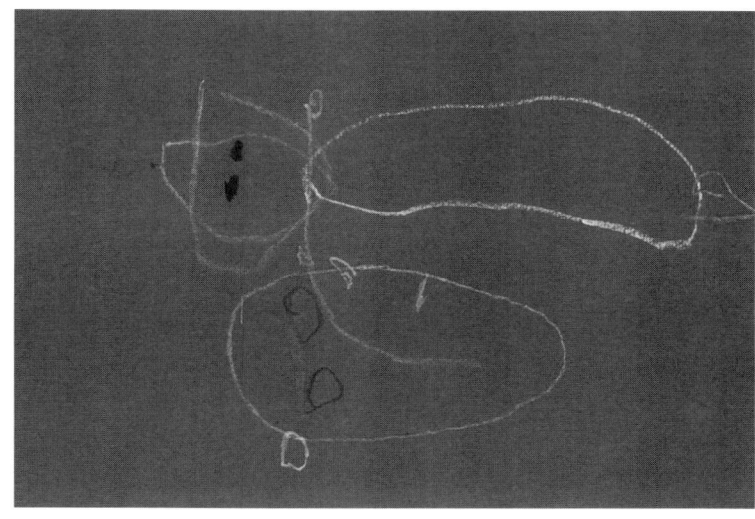

おかあさんに"とんとん"してもらって寝た（3歳）

> **Q8** 最近，子どもたちが生活の絵をいきいきと描けないのは，子どもたちの生活と心が荒れているからだといわれますが，ほんとうに，そうなのでしょうか。

大切な体験の記憶

子どもたちの絵にいきいきしたものがないというのは，確かに事実です。「描きたくない」とか「描くことがない」などという子が増えています。

子どもが「描きたくない」とか「描くことがない」というのは，心のときめくような生活がなくなっていて，描いてみようと思う体験がイメージできないからです。体験のイメージは，体験の記憶によってつくられ，記憶は感覚や感情の働きによって記憶されるのです。したがって，それは，つまるところ，感覚や感情の働きの弱さによるものということになります。

子どもの仮想の世界

いま，子どもたちを取りまく生活世界は，メディアをとおして送り込まれてくる仮想の現実。ファミコンゲームなどのような，架空の現実に夢中です。

子どもたちは，その中で，表面的で単純な喜怒哀楽の感情体験をするだけで，生活の中のなまなましい現実と向き合うことがなくなっているのです。

このような現実と向き合うことのない生活は，子どもたちの体をとおして身につける感覚と，具体的な人やものとの関わりの中で味わう生活感情の体験が大変弱くなり，人を人とも思わない感情や利己的な欲求だけで生きる生活になってしまいます。

弱められる生活実感

子どもを取り巻く生活のほとんどが，仮想の世界でぬり込まれ，その世界にのめり込んでいる子どもたち。その一方で，子どもたちを序列化し，画一化していく教育体制。このような，子どもたちをゆがめていくだけの諸条件は，個々の子どもたちの生きているという実感を弱め，自分というものの存在感をも弱めているのです。

子どものあそび型生活

もともと，子どもは自分と違う他人の姿や行動を見て，自分と対比しながらその違いを意識し，自分という存在を自覚していくのです。ところが，幼い子どもは，他人をあまり意識せず，自分中心の世界に生きています。最近はそれが，しだいに高年齢化して，その社会性が問題視されています。このような子どもたちの自己中心的な生き方は，経済的，物質的な豊かさの中で，仮想の生活世界に煽られながら，消費欲求にかりたてられ，それを満たしていくだけの"あそび型生活"に押し流されています。それが，ますます，子どもたちが自分を見失っていく要因ともなっているのです。

大切な子どもの存在感

子どもたちのもつ自分自身の存在感というのは，子どもが大きくなってから自覚するようになるのではありません。自己中心的な生活をしているように見える３歳児ごろ，自他の区別ができるころから意識されはじめます。保

2 幼児の生活と描くこと，つくること

育所や幼稚園など，多くの仲間の中で生活することで，自分と違う人の姿や行動を見ることが，自分というものの存在を知るきっかけとなるのです。

それまで，養育者，おかあさんとの感性の交流が重ねられて，一体感的な感情の中で自分の思いや考えをつくっていたのです。それが，保育所や幼稚園などでの"身体"と"ことば"をとおしての仲間との交流によって，自己中心の世界から脱皮し目覚めていくきっかけとなるわけです。

こうして，子どもは，"自分がまわりの人たちにとってどういう存在なのか"という"自分というものの存在"を自覚していくようになるのです。

存在感のない子どもたち

ところが，子どもたちを取り巻く生活環境。自然や社会，人間と関わりながら生きている生活がゆがめられ，子どもたちの"もやしっ子"的ひ弱さを生み，"自分をどう見るか""世界をどう見るか"というような，人間が生きていく上で大切な姿勢や態度をつくることができなくなり，自分自身の存在感も失っていくことになります。

大切な現実と向き合う生活

このような子どもたちの生き方や生活からの回復は，やはり，自分の実際に生きる生活とまともに向き合うことです。そして，そこから生まれる実感を大事にしながら考え，行動していくようにすることです。それは，また，常に，自分自身と向き合い，生きていくことでもあるわけです。

幼児期の子どもたちは，まだ，純粋で素朴さを失っていません。他人をあまり意識することがなく，自分中心の世界に生きているようなところがあります。このような時期に，子どもたちが，そのまま現実味のない仮想の世界に引き込まれていくことになると，問題は深刻です。

いま，幼児期の子どもたちが，いきいきと人間らしい素朴さをもち続けているときに，もっと生活のなまなましい現実とまともに向き合い，そこで感じ取った感覚や感情を素直に表現させることが大切です。

生活とその中で働く感性のリアリティーを重視する理由がそこにあります。

おかあさんに叱られた

> Q9 幼児期の子どもが，生活の絵を描くとき，生活体験のどのようなことを描けばよいのか，その指導のポイントになるような働きかけ方を教えてください。

人間関係を反映する絵

下の絵（2点）は，8歳の子どもが「わたしとおかあさん」のことを話し合い，描いたものです。

左の絵を描いた子は，デパートへ買い物に行ったときの「わたしとおかあさん」を描いたものです。「何か買ってもらった？」と聞くと，「うん」とうれしそうにうなずきました。「そう，よかったね。おかあさんはどう思ってたかな？」と聞き返すと，この子は「……知らん……」と頼りなげに小さくこたえました。

この子は，デパートで何かを買ってもらったうれしさは感じていたようですが，"わたし"と"おかあさん"の関わりをとおして，おかあさんの"思い"には，心が動いていないようでした。この子は，おとなしくて，いつも，おかあさんのいわれるままに"いい子"になってくらしてきたようです。この絵からは，いまひとつ，温かな親子の関係が見えてきません。

右の絵は，発達が遅れているといわれている子で，いつも，学校の送り迎えに，おかあさんの付き添いを必要とする子でした。この絵は，学校に迎えにきてもらったときの"わたしとおかあさん"を描いています。

人の形も定かでないような絵ですが，わたしとおかあさんの手のつなぎようが，しっかりと描かれています。日ごろの親子のほのぼのとした関わりの様子が感じられます。

最近は，このような親子の関係が大変浅くなって，親子の絆の弱さが目立つようになりました。このような人と人の関係の弱さは，親子の関係だけでなく，子どもたちの社会的な人と人の関係も深められないようになるのです。

わたしとおかあさん

2　幼児の生活と描くこと，つくること

人間関係がつくる感性

　人と人の人間関係の弱さは，たんなる生活の仕方の問題ではなく，子どもにとっては，その意識や感性に大きな影を落とし，人格や精神をもゆがめていくことになります。左の絵は，そのような人間関係が，子どもの感性や人格にまで反映していくひとつの現れと見ることができます。

　人はみな，人と人の中で，人に支えられて生きています。"いじめ"だとか，人権や差別の問題も，人間関係の弱さが生みだした問題であり，この人間関係の問題は，人と人の関係の中で起こる感情の問題でもあるわけです。

　ところが，いま，この家族のような内的な関係で結ばれていく人間関係が崩れ去り，感性の交流がきわめて薄くなっています。そのために，子どもたちの感情は，不満解消のエネルギーとして爆発させるか，感情を失ったかのように冷血で無表情になるかどちらかである，といわれるように感情の退化（情動化）していく現象が目立って多く見られます。

乳幼児期の人間関係

　乳児期の子どもが，養育者，おかあさんと交わす感覚や感情の交流は，人間関係の交流のはじまりであり，その中で，子どもは，一体感的な感情の働きを体験し，やがて，模倣行為や感覚体験をとおして自分の感情を形成していきます。そして，人との関わりをさらに深めていきます。子どもは，こうして自分の感情を，人との関わりの中でつくりあげていくのです。

関係をとらえて描く大切さ

　このように，人間関係が子どもの成長発達に大きく関わるだけでなく，子どもの表現にとっても重要なポイントとなります。人間関係を的確にとらえて描いているかどうかが，子どもの絵の内容の深さを決定していくのです。

　生活を描く絵の指導で，子どもが何を描こうかと考えるとき，何よりも大切なことは，"どのような人間関係を描くか"ということです。"そのとき，だれとだれが，どうしたか，自分はどうだったのか"をよく話し合っていくことです。子どもは，その話し合いをとおして，自分が描こうとする体験，すなわちそのできごとの人間関係を思い返し，そこに，からみついている感覚や感情のありさまに気づき，それを描こうとするのです。

　幼児の絵の指導では，このような話し合いは困難ですが，指導者の体験した事例を話して聞かせれば，子どもは，自らの生活体験と重ね合わせて聞きとり，その人間関係に焦点をあててイメージをつくっていくことができます。

　子どもは，その人間関係の中にからみ合っていた感覚や感情が"どんなものであったか"に気づいていくのです。驚きや発見したこと，喜怒哀楽の感情に気づくのです。

　生活の絵は，"もの"との関係も重要ですが，主として人と人との関係が，"どうであったか"を的確にとらえて描かれることが大切です。

3 幼児がイメージすることと描くこと，つくること

> Q10 幼児期の子どもが絵を描くとき，どのようにイメージをつくって描くのでしょうか。また，子どもがイメージをつくるときに，何が大切なのでしょうか。

イメージと感性の働き

イメージする力，想像力は，生活の中で体験をとおして働く感覚や感情に支えられてつくられ，生みだされるものです。感覚や感情の働かない体験は，イメージをつくることはできません。

ある幼稚園で，秋の落ち葉ひろいにでかけたとき，"きれいな色の落ち葉"をひろうつもりででかけたのですが，子どもたちは落ち葉の数集めに夢中で，"きれいな色"にはあまり関心を向けなかった，というのです。

もちろん，保育者の扱い方の問題もありますが，季節の移り変わりを実感する生活体験が，日常の生活の中で少なくなったということもひとつの原因と見ることができます。しかし，それだけでなく，季節感よりもさらに深いところにある感性の弱さの問題です。つまり，子どもたちの"ものごと"に関わり合う体験をとおして味わう感覚や感情の働きの弱さが問題なのです。

イメージの貧しさは感性の貧しさ

いま，子どもたちの精神生活，"心のありよう"はこのような感性の貧弱さの中にあるといえます。このような子どもたちの意識をふくめた感覚，感情の貧しさが，イメージする力の弱さに深く関わっているのです。

もちろん，その背景には，この国の大人たちがつくりだしたお金中心の社会構造や制度，習慣などの問題がありますが，いま，目の前にいる子どもたちの問題として，日々の生活で体験している生活体験を"実感のあるもの"にしていく，ものごとの"関わりよう"が求められます。

この"実感"というのは，生活の中で味わう高い感覚や感情のうねりのような心の動きであり，その高いうねりの感覚や感情が，子どもたちのイメージする力の確かさ，豊かさをつくりだすのです。

イメージに大切な実感

次頁の絵は，「雨の日の登園」を描いた4歳児の絵です。Rさんは，その，前の絵を描くとき「描きたいけど，描けないの」とクレヨンをにぎったまま，ほほづえをついていました。その後，「雨の日の登園」のことを描いたとき，いきいきとしながら「描きたいことあるの」といい，描きはじめました。

「おかあさんと大きな木の下で雨宿りしたの。雨宿り，楽しかった」と話しながら描いたのがこの絵です。おかあさんといろいろなことをお話ししながら雨宿りしたことの楽しさを描こうとしたのです。

同じ体験であっても，直接的に体で感じとった体験やいきいきと感情の働いた体験，それこそが"実感のあるもの"なのです。このような，"実感"の強さが，子どもの表現に向かう意欲をかり立て，記憶をたどりながら，その

3　幼児がイメージすることと描くこと，つくること

実感を再現しようとさせるのです。

　大切なのは，このような体験の実感を，より強く，より深く味わい，感じていく生活を，何よりもまず，充実させていくことです。

| 大切な再現するイメージ |

　これまで，子どもの表現は，その創造性が重要なのだ，といわれてきました。しかし，その創造性を支える想像力，あるいは想像する活動は，あまり深く吟味されてきませんでした。

　子どもたちが，感覚や感情を働かせてイメージする力は，単に，芸術的な創作に関わるだけでなく，子どもたち個々の生活行為，生活行動すべてに深く関わるものです。

　もともと，イメージは，"行為の内面化したもの"と考えられ（ピアジェ）さらに，イメージには，再現するイメージと複合するイメージの二通りのイメージがあって，再現するイメージの重なりの上に，創造につながるイメージがつくられる（ヴィゴツキー）と考えられてきました。

　子どもが描いたり，つくったりする活動の中でつくられるイメージは，そのほとんどが，子ども自身が体験し，経験したことの"再現的なイメージ"です。子どもは，体験や経験を絵で語ろうと，その再現に苦心しているのです。子どもにとっては，それは，どこまでも記憶や印象を手がかりにした"再現する活動"なのです。

| 身体感覚とイメージ |

　Ｑ２で例示した「うさぎ」の絵（３歳）は，触覚をとおしてとらえた"ふあーとした軟らかな毛"の感じを描いたものですが，この触覚をとおしてとらえた実感が"身体感覚"といわれるものです。この身体感覚には，五感といわれる視覚，触覚，聴覚，味覚，嗅覚があり，それが，いきいきとしたイメージをつくる大切な土台となるのです。

雨宿り，
楽しかった
（４歳）

> **Q11** 幼児期の子どもが絵を描くとき、どのように形や色のイメージをつくって描いていくのでしょうか。イメージと造形の関係を教えてください。

描きながらつくるイメージ

　子どもが絵を描くとき、最初にイメージがつくられ、そのイメージを色や形にして描いていくのだと考えられがちですが、実際は、最初に浮かぶイメージは、それほど明確なものでなく、部分的で断片的なものなのです。子どもは、その部分的、断片的なものごとの記憶を手がかりにしながら描きはじめます。そして、描かれた線や形、色から体験したものごとのイメージを自分なりにつくりだしていくのです。子どもは、こうして描きながらイメージをつくり、描いていくのです。

　下の絵は、2歳1カ月の子が描いたゴキブリの絵です。

　この子は、はじめ、ペンで、太い曲線を描きました。そのとき、この子は、自分の描いた線から、さきほど見て驚いたゴキブリの姿を思い出し、「さっきな、あそこにゴキブリおったんやで」といい、そのときのようすを話しました。そして、「ゴキブリ描いたげよか」といい、この絵を描いたのです。

　このように、子どもは、自分の描いた1本の線から、さきほど見たゴキブリの姿を思いだし、自分なりにつかんだ印象を記憶をたどりながら、描いていったのです。つまり、印象として記憶されている部分的、断片的なものを手がかりに、描きながらイメージをつくり、描いていったのです。

　このように、体験の記憶は、イメージとして部分的、断片的であっても、常に感覚や感情をともなって記憶されているものであり、その感覚や感情(実感)に支えられて表現の意図が持続されていくのです。

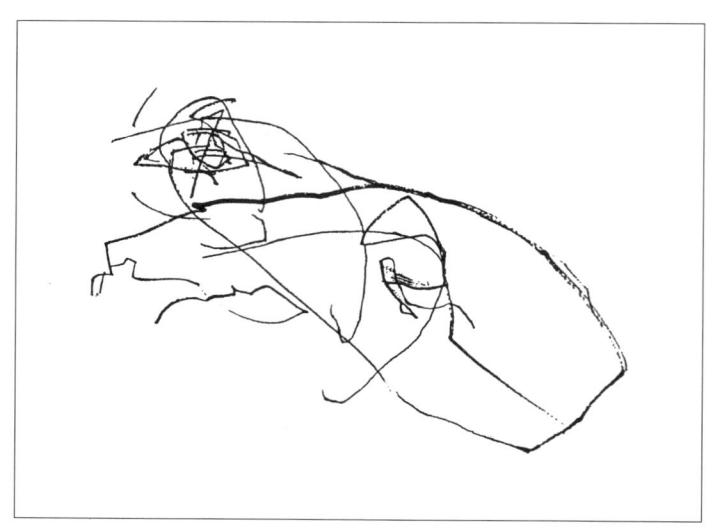

ゴキブリ
(2歳1カ月)

3　幼児がイメージすることと描くこと，つくること

　最初に，子どもが絵に描こうと思った"思い"があいまいなものであれば，絵は，まとまりを欠くようなものになってしまいます。つまり，描いていくうちに，何を描こうとしたのかが，はっきりしなくなってしまうのです。

　子どもが描き，つくる活動は，このような子どもの内的な活動が重要なものであり，それが，前提としてあることを忘れてはなりません。

図式の発見はイメージする力

　子どもが描く絵は，"図式"といわれる形の概念で描きます。この形の概念は，子どもが発生的に身につけた形の様式で，"なぐりがき"にはじまって，やがて，イメージと結びついて，象徴的な形を発見し，描いていくようになります。（Q 4 参照）

　このような形の概念，図式の発生は，早い子どもは 2 歳ごろから見られますが，この描画能力の発達は，イメージする力と深く結びついていて，感性に支えられたイメージの確かさ豊かさが図式を発見し，多様化させるのです。

　とくに，2 歳ごろは，日常的な体験と，獲得されたことばが結びついてイメージする活動が活発になります。そして，その後は加速度的にイメージする力の確かさ，豊かさが広がっていきます。それは，感覚や感情とことばが結びついて記憶の世界が広がるからです。

造形感覚よりも身体感覚，生命感覚

　このようなときに，重要な働きをするのが，たんなる視覚的な造形感覚ではなく，その土台となる"身体感覚"です。

　この身体感覚は，人間の本来的な感覚器官を使ってものごとをとらえていく感覚能力であり，それをより鋭く磨いていくことが，人間が人間らしく育っていくうえで欠くことのできない大切な能力です。

　そして，このような身体感覚の重なりのうえに育まれる"生命感覚"が鋭くものを見分け，とらえるのです。造形的な感覚は，このような"生命感覚"（直感力）の働きの中で育まれていくものであり，幼児期の子どもたちに，まず，育まれるべきものは，たんなる造形に関わる感覚ではなく，その総体的な感覚である"身体感覚""生命感覚"なのです。（Q 1 参照）

子どもにとって大切なのはイメージ活動

　実際に，子どもたちに「思ったように描けましたか？」と聞くと，子どもたちのほとんどが「思うように描けた」といいます。子どもにとっては，それは，描かれた結果の絵に満足していうのではなく，描こうとした体験をあれこれと再現的にたどり，その内容を確認していくイメージ活動ができたことであって，そのイメージ活動をしたことに満足しているのです。

　したがって，幼児期の子どもの絵を，構図とか，色彩，形態などという"造形"の視点から見てしまうのは誤りです。

> **Q12 幼児期の子どもが絵を描くとき，指導者は，どのような材料，用具の配慮をしていけばよいのでしょうか。何か大切なことがあれば教えてください。**

子どもの絵は芸術？	子どもが絵を描くという行為は，芸術的な作品を創ろうとして描くのではなく，自らが体験したことを語ろうとして描くのです。子どもの絵は，生活的な意味が大きく，結果としての芸術的な価値がないわけではありませんが，それはもっと後の時期に意識されていくもの。いわゆる芸術創作の前史にあたるものです。このような視点から子どもの絵を見ていくと，子どもが描くのに必要な材料，用具は，さほど重要な位置を占めるものでないといえます。 　しかし，芸術創作の"前史"という，その準備段階として，芸術に発展していく活動です。子どもの材料，用具の経験は，その後の活動に反映していくものとして，それなりに配慮する必要があります。 　何を使って，どのように描けば，どのような形や色になるか，ある程度，体験して，つかんでいくようにしていきたいものです。子どもたちは，その中で，その後の芸術的創作の基礎となる手がかりを身につけていくのです。
描画材料	画材は，題材にそくして指導者が判断し，用意しましょう。 　紙の大きさは，子どもが描く目の位置から画面がいつも見渡せるようにすることが大切です。したがって，特別な場合を除いて，あまり大きくない方がよいでしょう。（8つ切りか，その半分。もっと小さくてもいい） ・**画用紙**：色画用紙もできるだけ用意しておきたい（色は複数）。 ・**和紙**：できるだけ厚手のもの。絵巻のように連続した絵を描くのによい。 ・**厚紙**（ボール紙）：えのぐを使って描くのによい。 ・**ザラ紙**：エンピツ描きで，思いついたときに，すぐ描くときによい。 ・**おえかき帳**：一人ひとりの子が，好きに描くものとして用意しておきたい。
描画用具	用具も，題材にそくして先生が判断し，用意しましょう（できれば複数）。 ・**エンピツ**：できるだけ軟らかなものがよい。HB，B〜4B。 ・**クレヨン**（クレパス）：8色から12色くらいのもの。 ・**えのぐ**：8色から12色くらい（固形えのぐ）。墨汁（黒）も使いたい。 ・**筆**：普通は，細い筆（習字の細筆くらい）の方がよい。
違った画材の使い方	画用紙を使って，ものの形を部分的に切り抜き，それをはりつけて絵の土台にし，描く表現は，"画としての形"というものを知覚する上で大切です。
大切な筆描きの経験	筆を使っての描画（墨汁）は，力強さや繊細さをもった線の表現として，3歳ごろから経験をさせていくことも大切です。

3 幼児がイメージすることと描くこと，つくること

> **Q 13** 幼児期の子どもの絵は，見るものではなく，読みとるものだといわれるのはどうしてなのでしょうか。また，どのように読みとればいいのでしょうか。

下の絵は何？

　下の絵は，3歳の子が描いたものですが，何をイメージして描いたものでしょうか。左の画面に，ためらいなく描かれた1本の曲がりくねった線は，子どもたちが，畑のしごとにでかけたとき，この子が見つけた蛇なのです。
　それにしても，なんと的確にその姿態をとらえた絵でしょうか。この子が，先生にこの絵をもってきたとき，先生は何の絵なのかわかりませんでした。「これ，何の絵？」と先生が問いかけると，「蛇だよ」「蛇，描いたんだ」「蛇，こわかったよ」とこたえ，そのときのようすを話しだしたのだそうです。

子どものつぶやきを聞きとる

　子どもの絵は，このように，見たままではわかりません。子どもの"つぶやき"や"語り"を聞きとることで，はじめて，子どもの描いた世界が見えてくるのです。幼児期の子どもは，きわめて単純な形のパターンで"思ったこと""考えたこと"を描きます。したがって，指導者は，それをしっかり読みとらなければなりません。とくに，幼児前期（3〜4歳）の子どもの絵は，そのとき，そのときの思いついたパターンで描くことが多いようです。
　幼児，低学年の子どもは，このように，見たものを見たもののように描くことができません。見たものについて感じとり，知覚したことを描くのです。しかし，このような，直感的な知覚による形の概念では，子どもが描きだそうとする"思い"（感覚や感情）が，十分に描き切れません。子どもが，よく，ひとりごとをつぶやきながら描くのは，描き切れないことを，ことばで補って表現しているのです。

子どもの思いを読みとる

　このような子どもの"つぶやき"や"語り"を聞きとり，"ことがら"の説明を聞くのではなく，その意図が，どのようなものなのか，子どもの"思い"を的確に読みとることが大切です。

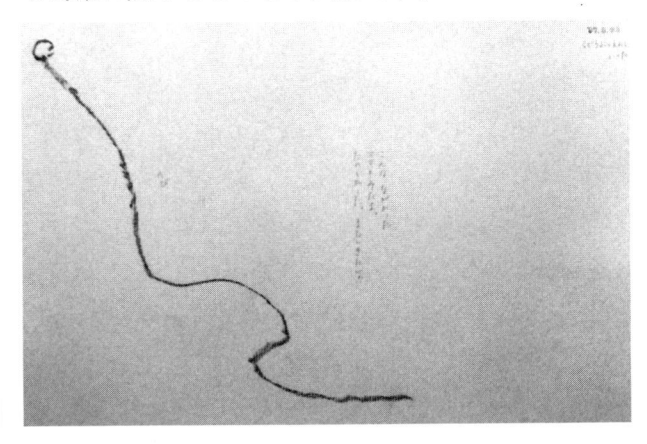

蛇を見た（3歳）

表現（描くこと，つくること）を とおして育てたいもの

> **Q14** 幼児期の子どもが，いきいきと絵を描くために，描き方の指導で何か大切なものがあるように思いますが，あれば教えてください。

技術を発見する指導

　もともと表現というのは，描こうとする子どもの主体によって展開されるものです。何を，どのように描くか，子ども自身が工夫し，考えるものであって，幼児期の子どもといえども，子ども自身の主体的なしごとです。しかし，必要に応じて，その場その場での助言は大切です。

　描こうとする子どもの意図や内容にそって，どう描くかではなく，子どもの意図や内容の何がすばらしくて大切なのかを，共感しながら子どもと語り合うことです。子どもは，その中で自分が何を描こうとしているのか，何が描きたいのかに気づいていくのです。そして，どう描くか，その描写のし方を考えるのです。つまり，指導というのは，意図や内容にそくした表し方（技術）を発見させるための働きかけ方なのです。

形の原基○△□

　ずいぶん古くからものの形の基本となる一番単純な形に○△□があります。これを"形の原基"といいます。幼い子どもたちにもとらえやすい単純な形で，いろいろなものの形を○や△，□に置き換えて表すことができます。この置き換えは，ものの形を単純化するものであり，幼児期の子どもたちの絵の図式化にも役立つ表し方です。

　このような"形の原基"を使って，動物やその他のものの形を"平面"に置き換え，描く指導は大切です。たとえば，にわとりの形を逆三角形の形でとらえて描くとか，牛や馬の形を○や△と□を組み合わせて描くというような活動は，子どもにとっては，絵を描くときの形というものの描き方の大きな発見ともなり，ものの形を形としてとらえるとらえ方の目安となります。子どもはこのような活動をとおして"ものの形"というものを意識し，とらえ，描くことができるようになるのです。図式（ものの形の描き方）を発見していくころの子どもには，この○△□の置き換えをする活動は，ものの形を形としてとらえる目と，描く力を育てる上で大切です。

図式の多様化は関係の描写から

　図式の多様化で大切なのは，たんなる形の描き方の多様さではなく，3,4歳ごろに多く見られる人物やものの形を羅列したような描き方から，描かれる人やものの関係をとらえて描くようになることです。この関係描写は，体験して感じたことと，それに支えられた想像力の確かさによって生まれるものであり，図式の多様化は，このような関係を描く確かさの中から生まれるのです。

重視したい観察活動

　子どもの描く絵の内容の深さは，体験をとおして感じとった感覚や感情と，それに支えられた想像力の豊かさですが，その中でも感覚は，漠然とした体

4 表現（描くこと，つくること）をとおして育てたいもの

験だけで獲得されるものではなく，意図的に磨いていかなければなりません。とくに，描くという活動に深く関わるのは視覚体験と触覚体験です。

観察の活動は，このような視覚と触覚をより鋭敏に育てる上で大切であり，こうした能力の衰えている現代の子どもたちにとって，とりわけ重要なのです。

この視覚と触覚は，単に，描く力の問題ではなく，身のまわりのすべてのものを確かにとらえる能力として欠くことのできない能力です。この視覚と触覚をとおして，ものごとを"まるごと"のものとしてとらえる感覚能力は，より鋭く，繊細な感性と想像力を育んでいくのです。

見ることと視覚の働き

およそ，人間が"ものを見る"というとき，対象をものの形や輪郭としてとらえているように考えられがちですが，ほんとうは，そのような形や輪郭ではなく，対象を印象的に"まるごと"の姿や質のようなものとしてとらえ，そのもののイメージをつくっているのです。わたしたちがものを見るときも，実際は，漠然とした自分の思いのようなものにそった目で対象を見ています。つまり，ものを見るときの"視覚"の働きは，外界のものを映し出すという身体器官の働きですが，ものを見るときの"見る"という働きは，対象にどのように向かうか，という人間の意識や感性，意志の働きにそって見るのです。

このような視覚の働きと人間の内的な意識や感性，意志の働きとの関係から"ものを見る"という観察するときの活動を考えていく必要があります。

観察指導のポイント

観察の活動で大切なのは，ただ単に「よく見なさい」というのではなく，対象を見ようとする動機を子どもに与えることであり，それは，子どもが対象と向き合ったときに驚きや発見，ふしぎさを感じさせることです。もちろんそのためには，保育者の対象に対する感動がなければなりません。子どもは，そのときに，はじめて，ほんとうにものが見えてくるのです。

大切な触覚体験

観察をとおして，子どもが，ものを確かにとらえるために欠かせないのは，触覚体験です。視覚の不十分さを触覚の働きをとおして補うことです。対象を見るだけでなく，手で触ってみることで，より深くとらえられるのです。

観察して描く絵では，単に，輪郭をうまくとらえて描くのではなく，視覚や触覚をとおしてとらえた，対象そのものの"質"のようなものを，子どもなりに，描こうとすることです。

感覚を育てる観察の絵

幼児期の観察して描く絵は，子どもの視覚と触覚をとおして描く力をつけるというものではなく，より深い観察をとおして，より鋭い感覚を磨き，ものを見る目を育てることに重点を置いて扱うべきものです。子どもは，そのことによってはじめて，ものごとをより深く知覚することができるのです。

> Q15 子どもが描いたり，つくったりする表現の活動で，大切なのは感性だといわれますが，それは，具体的にどのようなもので，どのような働きをするのでしょうか。

表現と感性の働き

　幼児期の子どもが，絵を描いたり，ものをつくったりする表現の活動は，本来，内発的な感性に支えられて展開されます。そこには，子ども自身の体験があり，そこで味わった感覚や感情の記憶によって展開されるのです。

　およそ，人間がものを意識し，行動する意志の働きは，感性の働きを土台にして成り立っています。感性の働かないものごとは，意識することもなく，行為行動する意志も働きません。感性は人間の生き方や生活の根源にある重要な働きをするものなのです。

感性とは？

　人間には，人間が人間としてこの世の中に生まれでると同時に身につけている感覚器官の働き，身体の感覚とそれを総合した上に働く生命感覚があり，それらの感覚を土台に，ものごとと関わることによって生まれる感情の働きがあります。感性とは，このような内発的な諸感覚と感情の働きなのです。しかも，この感覚と感情は，個々の人間の内面，心の中にわき起こる，最も主体的な心的活動（精神活動）なのです。

　もっとも，このような心の活動は，外からの刺激によってわき起こるものであり，受動的なものです。しかし，表現というのは，この受動的な感覚や感情を能動的なものにしなければ成り立ちません。つまり，自分の感覚や感情を相手に伝えようとする積極的，意図的な働きに変えなければならないのです。（Q5参照）

感情の働き

　中でも，感情は，無意識的に働く感覚とは違い，外からの働きかけ（刺激）を受けて意識することと深く結びついて生まれるものであり，知覚する働きと連動して働くものなのです。"感情は移ろいやすい"といわれるのも，そのときどきに知覚する外からの刺激が，さまざまな姿，形をもって変化して伝えられるため，それに対応してさまざまな感情が生まれるからです。

　このように見てくると，人間の日常生活は，知覚に基づいて操作する知的な活動ではなく，そのほとんどが感情によって営まれているといえます。

知性を支える感情

　感情は，日常的な人やものごととの関わりによって生まれるものであり，生きるということの土台にあるものです。人はその感情のさまざまに揺れ動く波の中で生きているのです。知的な判断や考え方は，すべて感覚や感情が脳の働きの中でコントロールされてつくり出されたものであり，その知的な働きだけで行為，行動することは，ほとんどないといえます。思考や想像，意志の働きは，感覚や感情の働きの中から生まれるものであり，科学的，論理

4　表現（描くこと，つくること）をとおして育てたいもの

子どもの表現と感情

的なものごとでさえ，その根源的なところで感覚や感情が働いているのです。

子どもたちの描き，つくる表現の活動でも，感覚を含めた感情の働きは重要です。体験することによって生まれる感情（受動感情）の働きの強さが，描き，つくろうとする意欲を生み，子どもは表現に向かっていくのです。

「うさぎ」4歳（Q2の絵），「おかあさんに"とんとん"してもらって寝た」3歳（Q7の絵），「雨宿り，楽しかった」4歳（Q10の絵）などの絵も，それぞれ，子どもの日常の，ありふれた何げない体験でありながら，それを描こうとするのは，そこで感じとり，味わった喜びやいとおしみ，安らぎの強い感情の働きがあったからです。

子どもの感情と生命感覚

子どもの感情は，生後間もない乳児のころから，感覚的なものに支えられて働きはじめます。そこで働く感覚的な感情は，生命の維持と更新に向かう直感的な"生命感覚"に強く依存したものであり，たとえば，おかあさんや身近な養育者が，視覚の届かないところにいても，"気配で感じとる"ことができるというのです。それは，感情というよりも感覚に近いものですが，保護するものと保護されるものの関係をとおして交わされてきた感情の交流によって培われた直感的な感覚的感情であるといえます。

乳児期の一体感的感情

その後，乳児は，成長するにしたがって，おかあさん（養育者）と，常時一緒という共生，共感の関係をとおして，"一体感的感情"で生活します。

この"一体感的感情"というのは，おかあさん（養育者）の感情の動きを，自分の感情として，感じる感情の働きをいうのです。たとえば，おかあさん（養育者）の喜びの感情を，同じように自分の喜びの感情として味わい，おかあさん（養育者）が悲しそうにしていると，同じようにその悲しみを感じるという，いわば"共鳴"し合うような感情の働きをいうのです。

感情の自立

そして，3，4歳ごろになると，おかあさん（養育者）との共生，共感の関係だけでなく，もっと，さまざまな人との交流が広がり，その共生，共感の関係から離れ，自分自身の感情で生活しはじめます。そのため，感情は"一体感的感情"を離れ，きわめて感覚的ですが，自分自身の感情生活をするようになるのです。いわば，感情の自立を果たすことになるわけです。

子どもは，このようにして，自らの感情の世界を築き，その交流をとおして磨いていくのです。そして，それが子どもの表現を支えているのです。

活力を失った感覚や感情

最近の子どもたちの描くこと，つくること（表現）が，稚拙化し，概念化してきているのは，このような感覚や感情が，鋭さやこまやかさを失い，活力を失って，その結果，想像する力が弱くなっているからです。そのために，子どもたちの感性を，もっと活気のあるものにすることが大切なのです。

> Q16 子どもたちが絵を描いたり、ものをつくったりする活動は、子どもたちのどのような能力を育て、子ども自身の心の育ちに、どのように関わっていくのでしょうか。

　子どもの絵の指導で、最近、とくに混乱しているのは、創造性の問題です。
　子どもは、ただ"自由にのびのび"と描かせたり、"自由にのびのび"と行動させたりするだけで、自然に創造性が培われていくように考える幼児、低学年の指導が多く見られます。しかし、このような指導に大きく欠落しているのは、イメージ（想像）の問題です。子どものイメージする力、想像力は、どのように育っていくのかが、あまり深く考えられていません。

大切な想像力
　もともと、人間の創造力は、イメージする力、想像力が土台となって生みだされていくものです。歴史的に見ても、人間が生きていくために、営々として積み重ねられてきた生活（文化）は、すべて、人間の創造力である前に、想像力によるものであったのです。したがって、人間が人間らしく生きていくために欠くことができないのは、イメージする力、想像力なのです。

感覚、感情の働きと想像
　人間の想像力は、もともと、感覚や感情が知覚したことと結びついてつくられていくものです。したがって、感覚や感情の働かない体験や経験は、イメージすることができません。実感するものがある体験や経験だけが、ありありと記憶をよみがえらせ、イメージ化することができるのです。「描きたくない」とか、「描くことがない」などというのは、体験や経験の記憶がよみがえらないということであり、それを支えている感覚や感情が働いていなかったためです。

弱められた想像力
　このことからもわかるように、イメージは、体験（経験）したことの記憶をよりどころにしてつくられるものです。いまの子どもたちのイメージする力の弱さは、心にしみ込む体験（経験）の記憶が大変少なくなっている現れであり、記憶を支える感覚や感情の働き（実感）の弱さでもあるわけです。

大切な身体感覚、生命感覚
　したがって、いま、とくに重視し、育てていかなければならないのは、子どもたちのイメージする力、想像力と連動している体験（経験）世界の拡大と充実です。幼児、低学年の子どもたちには、とくに身体と深く結びついた感覚、身体感覚を磨き、育てていかなければなりません。やたらと行動的に遊びまわる子どもを無条件に"よいこと"としてとらえるのではなく、常に、五感を磨くことと結びつけ、その内容や行動を組織したり、あるいは、コントロールする視点でとらえなければなりません。
　さらに、このような身体感覚と深く結びついて獲得されていく生命感覚も重要です。この生命感覚は、第六感とか直感力といわれ、幼い子どもは、ほ

4 表現（描くこと，つくること）をとおして育てたいもの

とんど，この生命感覚でまわりのものと関わり，生きているといえます。

したがって，乳幼児期の子どもの身体感覚を磨いていくことをとおして，生命感覚をより鋭く磨いていかなければなりません。(Q1参照)

しかも，子どものこのような生命感覚は，子ども自身の感情の働きや精神にも大きく反映し，その性格や生き方にも，深く関わる重要な能力です。

子どもの絵は体験の再確認

下の絵"弟のいたずら"は，そのできごとを絵に描くことで，弟の"いたずら"にどういう意味があったのか，に気づいていく事例です。

「おとうさんとおかあさんが，コタツにはいってテレビを見てたの。おかあさんが"どこかいこうか"というけれど，おとうさん，コタツに入ってねてた。だから"つまんない，つまんない"って，ああちゃん（本人）いうてたら，まあちゃん（弟）が，みかんもってきて，ああちゃんの頭へ，みかんなげたの。"やめなさい"といってもやめなかった。だから困った。（今度は）まあちゃん，みかんなげるのやめて，おかあさんのオルゴールを，ああちゃんの頭になげたの。……」と，しばらくして「ああ，わかった。おみかんなげたの，遊びたかったんや」と先生の聞きとりにこたえて話しました。

Aちゃんは，このように，描くという行為をとおして，自らの体験の記憶をたどっていったのですが，その結果，自分の描いたできごとの中で，弟の思いが何だったのかに気づいていくことになったのです。

感情の働きは自分を見つめる精神活動

このような，子どもの素直な目と心をとおした人と人の関わりは，子ども自身の，よりこまやかな感情の働きを生み，その感情のこまやかさが，より深くものごとをとらえる目と心を育んでいくのです。

それは，また，子どもの，このようなさまざまな人と人との関わりをとおして"自分自身の内面（心）を見つめる"という活動を生み，それが，子ども自身の自己発見や自己吟味を深めていく重要な精神活動となるのです。

弟のいたずら

Q 17　"生きる力を育てる"とさかんにいわれていますが，それはどのような力なのか，また，それは具体的にどのような活動で，どう育てるのか，教えてください。

|感覚や感情に支えられた表現|　子どもは，自分の描いた1本の線から，どのようにイメージをつくり，描いていくのかというような描画活動は，これまで，"造形"の問題として考えられてきました。たしかに，それは，子どもの造形活動ですが，その背後に重要なイメージの問題があり，イメージをつくりだす心的活動，すなわち精神や感覚，感情の問題があまり考えられてきませんでした。
　幼児期の子どもが，絵を描いたり，ものをつくったりする表現の活動は，本来，内発的な意識や感性に支えられて展開されるものです。そこには，子ども自身が関わった具体的な体験や経験があり，そこで味わった感覚や感情の記憶が表現の活動をつくりだしていくのです。形や色の美しさにこだわり，描いていくような絵画形式中心の表現の世界ではありません。
　子どもの描くこと，つくることは，子ども自身が生きている現実，すなわち"あのとき""このこと"の具体的な事実と向き合い，その体験や経験が"どのようなものであったのか"を，そのときの感じ（感覚や驚き，発見，喜怒哀楽の感情）に支えられて表現しようとする活動です。もちろん，その過程には，子どもにとって大変な心の葛藤が生まれます。不確かなものの吟味や整理，そして，その体験で味わった感情に対する意味づけや，価値，願いなどというような全人格的な精神活動を展開することになるのです。
　したがって，表現するという活動は，子どもにとって胸おどらせる喜びであると同時に，苦しい試行錯誤と自己葛藤の活動でもあり，ここに，子どもの描くこと，つくること（表現すること）の重要な意味があるのです。

現実と向き合わない生活　　しかし，子どもたちは，いま，自分が生きている生活の現実とまともに向き合うようなことがなくなってきています。もちろん，その背後には，子どもたちを，そのようにさせていく環境の問題，生活の荒廃があります。
　この生活の荒廃を生む環境というのは，子どもたちが意志と感情を働かせて，関わり合う生活が，仮想のものに囲まれた真実感のない生活，いいかえれば実感のない仮想現実（バーチャル・リアリティー）の中にあるためです。

仮想現実と子どもの目　　わたしたちの現代の物質的な豊かさの中の消費生活は，そのほとんどが，生産や労働と直接に結びつかない物質文明の中で生活しています。そのため，生の自然やその生命活動と関わり合うことのない人工的，人為的な"つくられたもの"に囲まれ，支えられて生活しています。この生の現実ではない"つくられたもの"に囲まれた生活が，人間の内的な意識や感性にまで反映し，

4 表現（描くこと，つくること）をとおして育てたいもの

仮想の世界を"生の現実"と錯覚させてしまうのです。つまり，この仮想現実の中の生活は，人間の心的活動までも大きくゆがめ，意志や感情，思考などという人間の精神活動をも弱め，実感のない表面的で形式的な安易なものの見方や感じ方をつくりあげていくことになるのです。

先の，幼稚園5歳児の「楽しくないお話はきらい」という事例（Q6参照）のような夢のような語りの世界こそがお話だと思い込んでいる子どもの意識や感性も，仮想現実に浸り込んだ生活から生まれたものであり，生の現実を回避するだけで，その現実とまともに向き合おうとしない無気力さを生み，実感のない感情のパターン化したものの見方や感じ方をつくりだしています。

大切な生きることの実感

このような子どもたちのゆがみを回復していくために，子どもたち自身が，描いたり，つくったりする表現をとおして，生の現実，自然や人間がひたむきに生きようとしている現実と向き合い，そこから生まれる感覚や感情の働きをエネルギーにして"ものごと"と関わり合うような活動（生活）をつくりだしていくことが大切です。それこそがほんとうの人間らしい生命感覚とそれを母体に形成された生活感情を生み，"生きることの実感"を深めていくことになるのです。

描くことは生き方の教育

戦前からの美術教育の指導者であった霜田静志が1960年代に「幼児の美術教育は，芸術にも科学にも片寄らない，芸術，科学以前の総合的な生活教育としてなされるべきである」と述べましたが，幼児の美術教育は，まさに，総合的な生活教育であり，それは，人間として生きていくための基本的な"生き方"の教育なのです。

現実に，この世の中で生きている子どもたちが，描き，つくるという表現の活動をとおして，人間的な意識や感性を磨き，自然や社会，人間の真実を発見し，自らの"生き方"をつくりだしていくのです。

生きる力は感性を磨くこと

いうまでもなく，子どもたちが人間らしく生きていくことのできる力，"生き方"の教育は，"自由にのびのびと"という，ただ子どもたちを解放するだけの教育の中からは生まれません。表現するという感性をエネルギーにした主体的な活動を，イメージをつくるという知的操作をくぐらせて，感性をより鋭く，よりこまやかに磨き上げていくことです。

このように磨き上げられた感性（感覚や感情）の鋭さ，こまやかさが，より深く自分自身の"在り方"を問い続けると同時に，人の喜びや悲しみを自分の喜びや悲しみとして実感できる共感能力をも豊かに育んでいくのです。

生きる力というのは，このような感覚や感情の豊かさの中で生みだされ，獲得されていくものです。

幼児の絵の指導の実際

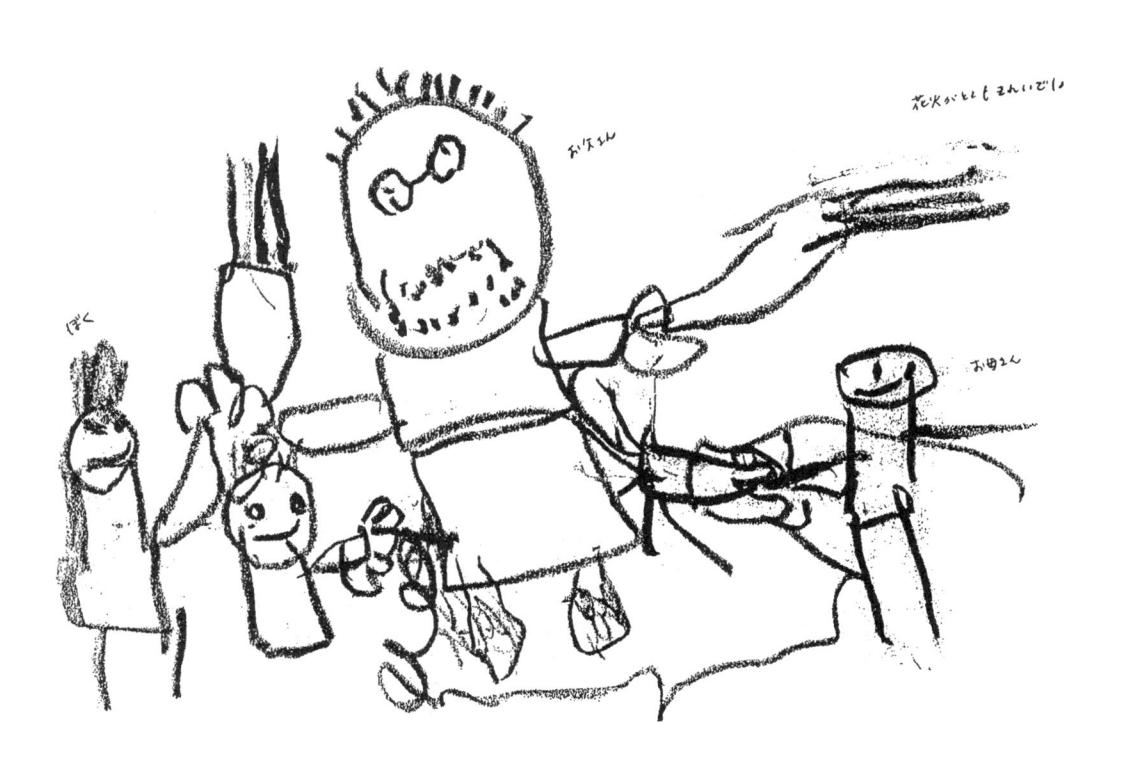

おとうさんとはなびをした（4歳）

1 生活を描く

3歳児　かぞくのことを描こう

指導のねらい	入園間もないころの子どもたちは，はじめて見知らぬ同年配の子どもたちとの生活を体験することになります。 　子どもはこのような体験をとおして，はじめて日ごろ何となくいっしょにくらしているおとうさん，おかあさん，兄弟姉妹からなる家族というものを，心を開いて関わり合う"安らぎ"の場として意識するようになるのです。 　そこで，子どもたちが日々，家族の人たちと，どのような関わり合いをもってくらしているかを思いださせ，子どもたちのイメージしている家族の人たちに抱く感情を，その関係をとおして思うように描かせたいものです。
指導のポイント	ここでは，子どもたちが日ごろの家族との関わり合いのようすを，いきいきと思い起こすことができるようにします。そのために，子どもたちにわかるように先生自身の家族との関わりのようすを話して聞かせます。 　3歳児は，形が描けるようになった子もいますが，全体に，まだ"なぐりがき"の時期です。描かれた絵だけで，その内容を見るのではなく，ていねいな聞きとりをとおして，子どもが家族の誰の，どんなことをイメージして描いているかを読みとることが大切です。
準備するもの	画用紙（8つ切りくらいのもの）。他の紙（ザラ紙のようなもの）でもよい。クレヨン（8色くらい）。またはエンピツ，サインペン。
展開（流れ）	○きょうは家の人のことを描こうね。 　「先生の家ではね，……」と心の動きをとおした家族の関わりのようすを話して聞かせます。（先生の幼いころの家族の話でもよい） ○みんなが家でいっしょにくらしている人のことを描きましょう。 　まだ，何描くの，だれ描くのと問い返してくる子がいます。 　もう一度何を描けばよいのかを，その子どもと話し合います。 ○子どもには，好きな用具，材料（色など）を選ばせて描かせます。 ○子どもたちの描くようすを見て，何を描くか，どう描くか，とまどう子から聞きとりをして，描く内容を確かなものにします。
描き終わって	○一人ひとりの子の描いた内容を聞きとります。（記録する） ○描いた絵を部屋に展示して，それぞれの絵について話し合います。

1　生活を描く

ぼくのおうちの人

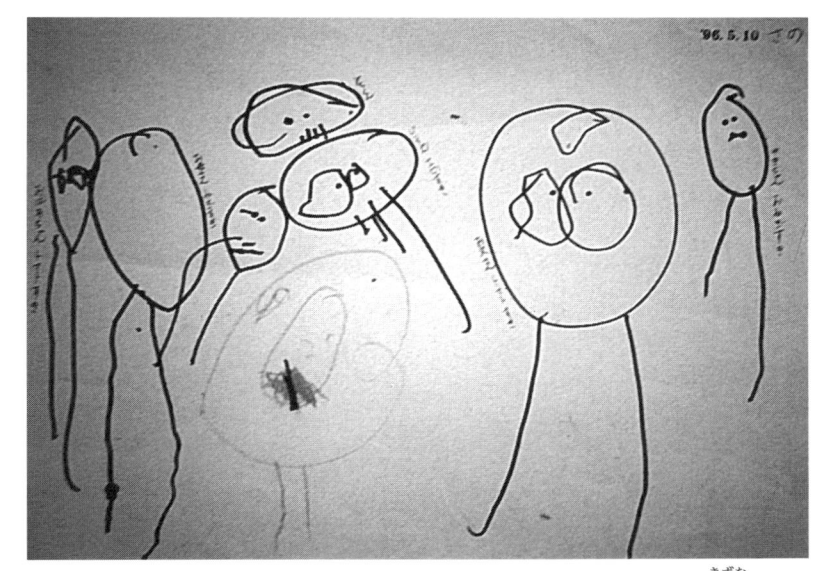

この絵は，家族みんなの中に，亡くなって今はいないおばあちゃんが描かれています。

M君の家では，おばあちゃんが亡くなった今でも，毎日仏壇に向かって，その日のことを話したり，食事やおやつのときには，おばあちゃんの分も用意して「おばあちゃん，おいしい？」などと話しかけて食べるそうです。家族の深い絆（きずな）が，そこに感じられます。

朝ごはんのとき

〈子どものつぶやき〉
朝ごはんね，おとうさんとおかあさんとおにいちゃんとふみや（1歳のいもうと）で食べるの。
おとうさんとおかあさん，お話ししてるよ。

K君の描いた家族は，まん中にいるのがK君，右側がおとうさん，左側がおかあさんです。自分をはさんで，おとうさんとおかあさんがあれこれとお話ししていることが，K君には，一番安らぎを感じる場なのです。そこに，K君の家族への思いがあるように思います。

● 指導のポイント ●

このような絵の指導では，家族の構成に，子どもが強く意識していくような話しかけが大切です。「家には，だれとだれがいるの？」「家で，どんなことしてるの？」「だれが好きなの？」など，子どもそれぞれの心の動きにそって，内容を思い起こさせるようにしましょう。

おうどん食べにいったよ

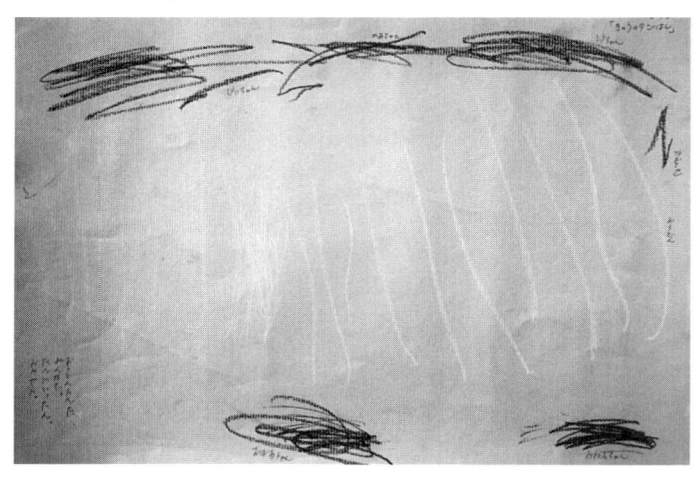

〈子どものつぶやき〉
おうどん食べた。
みんなで食べにいったの，
お店に……

　Nちゃんのおとうさんは，単身赴任で，Nちゃんは週末になると「きょう，おとうちゃん，かえってくるの」と楽しみにしています。
　Nちゃんは，何すじもの"うどん"を白い線で描いたあと，家族の一人ひとりを「ここは，おとうさん。ここは，○○ちゃん」とつぶやきながら不定形な○を描きました。子どもは，形が描けなくても，線や○で経験を記号のように描いていくのです。

寝るときのこと

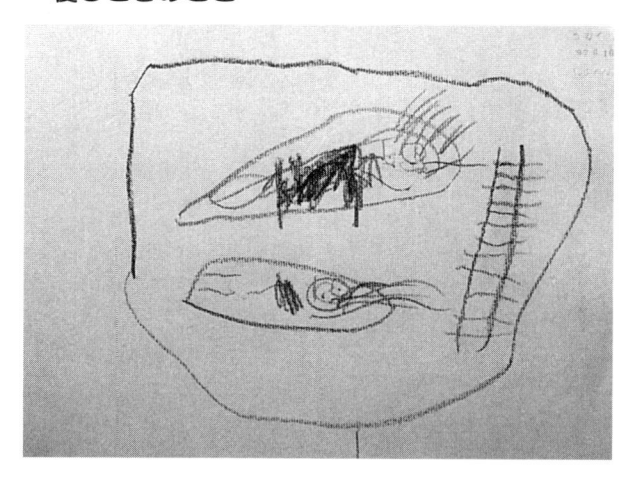

〈子どものつぶやき〉
みくちゃん（いもうと）と2人で寝るの。
ぼくが上，みくちゃんが下，
「こわい」って泣いたら，すぐに助けにいってあげるの。
この階段，降りていくの。

　3歳ごろの子どもたちは，「○○，できるようになった」と，日常生活の習慣や行動ができるようになったことを喜びます。この絵は，兄妹2人で2段ベッドで寝ることができたことを描いています。2段ベッドの階段や部屋の仕切りの線。正しくつなげて描くことはできませんが，そこには，S君の自立に向かっていく自信と意欲が感じられます。

● **指導のポイント** ●

　家族が「どうしたか」を描こうとする子どもには，そのできごとへの強い思いがあります。そんなときは，子どもへの共感のことばをかけ，励ますことが大切です。

1　生活を描く

3歳児　休みの日のことを描こう

| 指導のねらい | 休みの日は，子どもには，幼稚園とまた違った内輪だけの気安さの中の生活となります。その気安さの中で味わった体験（生活感情）を，幼稚園の友だちや生活に，絵に描いて伝えることをねらいとして設定します。
休みの日にどんな体験をしたのか，驚きや発見，強い喜怒哀楽の感情の体験を思い出し，それを描きます。
"どこで，だれが，何をしたのか"という"ことがら"の説明にならないように，その体験をとおしてどんな感情を味わったのかをていねいに引き出し，その感情の動きをいきいきと描かせましょう。 |

指導のポイント　生活の体験を描くというのは，"何をしたのか"という"ことがら"の説明になりがちです。"何をしたのか"という"ことがら"は，絵の内容の骨格となるもので，大切ですが，子どもは，その体験の説明に追われることになると，自分は何を思い，感じていたのかが，しだいにぼやけていきます。

　その体験で"どんな思いを味わったのか"，一人ひとりにしっかりとつかませることが大切です。

準備するもの　これまでの子どもたちの用具経験にあわせて，用具を選びましょう。エンピツ，クレヨン，クレパス（使う色は子どもに選ばせる）。画用紙（8つ切り。またはその半分。白または3，4色の色画用紙）。

展開（流れ）
○きょうは休みの日のことを描こうね。
　「先生はね，きのうこんなことがあったの……」と，先生の感情体験を話して聞かせます。
○みんなは，きのう，どんなことがあったのかな？
　いくつか，子どもが経験したことを取りだして話し合います。
○それでは，描きましょう。（紙，用具は，子どもに選ばせる）
　描くことが思いつかない子とは，個別に話し合いましょう。
○子どもたちが，描く内容に合った用具で描いているかを確かめましょう。
　あやまっている子には，「これで描いた方がいいよ」と指示します。
　（強制はしない）

描き終わって　○何人かの子（できればみんな）の絵を見せて，その子の話を聞きましょう。
　（取り上げて，話させたい子の絵は見当をつけておく）

弟と２人でお買い物した

〈子どものつぶやき〉
西武のディズニーストアーに弟といったよ。
お人形とかおもちゃ買った。
２人でいったけど，こわくなかったよ。

　幼い弟といっしょにでかけた買い物。「２人でいったけど，こわくなかったよ」といいながらも，しっかりとつないだ手に姉としてのけなげな自覚のようなものが感じられます。
　ようやく描けるようになった人の形で，いきいきとそのようすを描いています。

おかあさんといったよ

〈子どものつぶやき〉
ゆうこと，あずさと，けんごと，おかあさんとでバーベキュー食べにいった。
おかあさんと，いろいろお話ししながらいったよ。

　いもうとや弟とおかあさんとで，バーベキューを食べにでかけたとき，おかあさんと手をつないで歩いたことを描いています。そのときのおかあさんと交わした会話の楽しさを，しっかりとした線で的確に描いています。

● **指導のポイント** ●

　絵を描くときに大切なのは，形が描けることよりも，その生活体験の中の人と人の関係がしっかりとらえられ描かれることです。

1 生活を描く

おにいちゃんとけんかした

〈子どものつぶやき〉
おかあさんが「ゆうや，けんかしたらあかん」っていうた。おとうさん，まだ会社。ゆうやは，ぼく，泣かしてばかりやから，おかあさん助けてくれたの。

　右下に描かれているのが兄のゆうや君。中央下が，手を大きく広げてぼく（K君）を守ってくれたおかあさん。中央上がぼく。右上がいもうと。左下が友だち。
　K君と兄のゆうや君は仲のよい兄弟ですがそれでも，よくけんかをします。このとき，おかあさんに助けてもらったことが，K君にとって，よほどうれしかったのでしょう。そのようすをいきいきと描いています。

買い物にいったおかあさんといもうと

〈子どものつぶやき〉
おかあさんが赤ちゃんとお買い物にいったの。
お買い物のときは，Ｉちゃんはお留守番。おねえちゃんとおとうさんと遊んでたの。
留守番もみんなですると楽しいよ。

　Ｉちゃんは，留守番していた自分のことを描かずに，買い物にでかけたおかあさんと赤ちゃんのことを描きました。「いってらっしゃい」といって遠ざかっていく２人の姿を描いています。「留守番もみんなですると楽しいよ」といいながら，留守番よりも，出かけたおかあさんのことが，気がかりだったのでしょう。

● 指導のポイント ●
　親と子や兄弟が支え合ってくらしている，そのつながりに子どもたちの目を向けることです。

3歳児　幼稚園のことを描こう

指導のねらい	4月当初，3歳児はなかなか幼稚園になじめません。送ってきたおかあさんから離れられない子もいます。しかし，2学期にもなると，遊びにもなれ，なじみの友だちもできて幼稚園にくることが楽しくなります。 　このような子どもたちに，幼稚園での遊びの楽しさや仲間との関わりのおもしろさを題材にして，その体験（経験）を描かせましょう。 　幼稚園で何をしたのか，だれとどんなことをしたのか，その体験（経験）をとおして実感したことを描かせましょう。 　ただし，その逆の楽しくなかったことや，おもしろくなかった体験を否定しないで，それを描くことも共感のことばをかけて大事にしましょう。
指導のポイント	何をして楽しかったのか，だれとどんなことをしたのがおもしろかったのか，子どもたちの感情の強く働いた遊びや関わりを思い起こさせることが大切です。

準備するもの	画用紙（8つ切りくらいのもの）。他の紙（ザラ紙のようなもの）でもよい。クレヨン（8色くらい）。またはエンピツ，サインペン（細字用）。

展開（流れ）	○きょうは幼稚園であったことを描こうね。 　「何をして楽しかった？」「だれとどんなことしたのが，おもしろかった？」などと，子どもたちの体験したことを話し合います。 ○よく覚えている"したこと"や"できごと"を描きましょう。 　子どもたちの記憶に深く刻まれている体験を見つけさせることが大切です。 　"いやなこと""困ったこと"を描いてもよいことにします。 ○子どもたちの描くようすを見て，何を描くか，どう描くか，とまどう子は，聞きとりをして，描く内容を確かなものにします。
描き終わって	○みんなの描いた絵を貼り出して，一人ひとりの話を聞きます。 　聞きとったことは，メモして記録するようにしましょう。 　"なぐりがき"に近いような絵でも，しっかりと子どもの思いを受け止めて，共感のことばをかけ，励ましてやりましょう。

1 生活を描く

幼稚園で遊んだよ

〈子どものつぶやき〉
お庭でね，いっぱい遊んだよ。
みんなといっぱい遊べて楽しかった。

　長い夏休みが明けて，幼稚園にきたT君は「幼稚園ていいなー」「友だちと遊ぶって楽しいなー」とつくづく思ったようです。T君は，描いた絵を見せながら，うれしそうに話しました。やっと人の形の図式が描けるようになったT君は，遊ぶ楽しさの実感を，人物の動きや表情にして，いきいきと描いています。

おとうさんが幼稚園にきた

〈子どものつぶやき〉
あのね，おとうさんがおねえちゃんといっしょに幼稚園にきて，すごーくうれしかったの。
だって，大好きな幼稚園だもん。
おとうさん，はじめてきたの。

　入園当初，おかあさんからなかなか離れられなかったN君が，2学期になって，友だちと遊ぶ楽しさを知り，幼稚園が大好きになりました。その大好きな幼稚園に，大好きなおとうさんがはじめてきてくれたのです。N君は，おとうさんの姿に，その喜びをこめて描きました。

● 指導のポイント ●
　生活の中で味わう子どもの感情の高まりに共感しながら，その喜びを素直に表現していくように働きかけることです。

■ 幼稚園生活の中の特異なできごとを扱う題材 ■

　子どもたちの幼稚園生活の中で起きたできごとを取り上げ，描くことも大切です。
　もちろん，それはただ描くということだけでなく，そのできごとに対して子どもたちみんなが，どう関わっていくかという共通課題をもって，それぞれが感情を働かせ，話し合い行動していく，いわば総合活動として取り組みたいものです。
　この題材は，ある朝，園庭に，片方のはねを傷めて飛べなくなったハトを見つけたことからはじまる子どもたちの取り組みです。

けがをしたハト

　子どもたちは，うずくまったハトを囲んで「どうしよう」「ぼくのいっている病院につれていく？」「人と鳥の病院はちがうで」などと子どもなりに"どうしたらよいか"精一杯の方法を考えます。
　そして，園から遠く離れた動物病院へいくことになりました。園へ帰ってからは，少しの時間を見つけては，ハトのようすを見にいき，「早よ元気になりや」などと話しかけたりして世話をしていました。
　上の絵は，毎日，昼食後"今日のハト"といって描いたものです。

　ところが，3日め，ハトは立てなくなり，息も荒くなっていきました。そして，子どもたちが帰ったあと，残っていたSちゃんの見守る中で，息をひきとりました。
　つぎの日，死んでしまったハトを一人ずつ順に抱いてお別れをしました。
　T君は，ハトを抱いたとき「はねやわらかいね。でも，体冷たいね。"くて"ってなってる」と，実感をこめて死んだハトのようすをつぶやきました。

死んでしまったハト

　上の絵は，ハトに心をそわせて深く関わってきたT君の実感がにじみでています。

1 生活を描く

4歳児　わたしの家の人を描こう

指導のねらい	4歳児といえば，ようやく，ものの形が描けるようになるころです。中でも，最初に形として描かれるのは人の顔の形です。一般的には，ものの形が描かれるのは，子どもの知覚の世界が広がったことによるのだといわれていますが，それよりも重要なのは，その知覚の世界を広げる原動力となるものです。それは，子どもたちの感覚や感情のいきいきとした働きです。 　4月の新学期は，幼稚園の子どもたちにとっては，期待と不安の混じり合った緊張の毎日です。その中で，一番安らぎを覚え，心を開いて関わり合うのは，おとうさん，おかあさんであり，家の人です。子どもたちは，その親しみをもって関わり合っている家の人を描くことには，何のためらいも感じることなく，いきいきと描くことに向かっていくものです。 　その親しみの感情をエネルギーにして自由に描かせましょう。
指導のポイント	大好きな家の人を描きましょう，というとき，子どもたちには，家の人（おとうさん，おかあさん）の何が，どれほど好きなのかを，子どもなりに改めてつかみ直させ，それを描くようにさせることです。

準備するもの	画用紙（普通のザラ紙でもよい。8つ切りの半分くらいでよい）。クレヨンか色エンピツ。またはサインペン，エンピツ。

展開（流れ）	○きょうは，家の人を描こうね。 　「ぼく（わたし）の一番好きな人だぁーれ？」と話しかけて，それぞれの子の好きな人をあげ，どんなところが好きなのか，その人とどんなことをするのかを話し合います。 ○家の人を描きましょう。 　「今日は，何を使って描いてもいいよ」 　画用紙を使うとき。クレヨンかサインペン。 　ザラ紙を使うとき。エンピツかサインペン（色エンピツ）。
描き終わって	○描いた子から内容の聞きとりをします。 ○みんなの描いた絵を部屋に展示して，それぞれの絵を見ながら，その子の話を聞きましょう。（子どもの話に共感しながら……）

おとうさん，帰ってきた

〈子どものつぶやき〉
おとうさん，5じに帰ってきたの。
だから，いっぱい遊べたよ。

　T君のおとうさんは，忙しく，帰ってきたころは，もうT君は寝ているんだそうです。
　T君は，大好きなおとうさんと，ほとんど遊ぶときがないのです。T君にとって，おとうさんが早く帰ってきて，いっしょに遊べたことが，とてもうれしかったのです。

おとうさんと遊んだ

〈子どものつぶやき〉
おとうさん，でんぐがえりして，遊んでくれるの。
おとうさん，おもしろいよ。
おかあさん，すべり台して遊ぶの。

　この絵は，新学期早々，4月のころに"家の人のこと"を描いた絵です。
　ようやく，ひとの顔の形が描けるようになったNさんが描いた，おとうさんとおかあさんです。大好きなおとうさんは，笑っています。おかあさんは，表情ゆたかに全身を描いています。

● **指導のポイント** ●

　4歳のころは，ものの形が描けるようになるころです。子どもにとって，ものの形をものの形として描くことに意欲をかり立てるのは，最も心を開いて関わり合うおとうさん，おかあさんを描くことです。

1　生活を描く

4歳児　動物園のことを描こう

指導のねらい	子どもたちにとっては，動物園へみんなで出かけるのは，ふだんの園生活とちがった心の躍る体験です。中には，動物園へは，すでに家族ででかけた子どももいるはずですが，幼稚園のみんなといくということに，なおいっそうの心のときめきがあるのです。 　同年配の子ども仲間は，思いのままに語り合えるという互いの気安さがあるからです。この気安さの中で，子どもは最大限の自分の目と心で，動物たちの姿やできごとをとらえ，驚きや発見を語り合うことができるのです。 　何に驚き，何を発見したのかをよく話し合い，いきいきと描かせたい。
指導のポイント	子どもたちが動物園のあちこちをめぐって見た，動物の何に驚き，興味を引かれたか。ただ見た目の姿，形だけでなく，しぐさや表情，動きをとおして驚き，発見したことを話し合い，そのことを描くようにします。 　ようやく"なぐりがき"を終えたばかりの4歳児は，まだ，図式のあいまいさがあって，しっかりとした形にならないようなところがありますが，あまり形にこだわらず，子どもが描けるように描かせることが大切です。

準備するもの	画用紙（8つ切り。できれば6色くらいの色画用紙も用意する）。クレヨン（8色くらい），サインペン（黒）。 （色画用紙によって，使う色を助言する）

展開（流れ）	○きょうは動物園にいったときのことを描こうね。 　「動物園でどんな動物を見たのかな」と話しかけて，それぞれが見た動物のことを話し合います。（子どもたちからは，いっぱいでてくるはず）動物を見て，驚いたことや発見したことを話し合いましょう。 　（姿，形だけでなく，しぐさや表情，動きを中心に話し合う） ○自分が描こうと思う動物のことを描きましょう。 　（友だちとのことも入れて描いてもいいことにする） 　子どものつくるイメージを大事にしましょう。 ○どんな画用紙で，何を使って描くか，できるだけ子どもと話し合って決めます。（まちがえている子には，描き直しをさせる）
描き終わって	○描いた子から内容の聞きとりをします。（記録する） ○描いた絵を部屋に展示して，それぞれの絵について話し合いましょう。

動物園で見たゾウ

〈子どものつぶやき〉
なかの君と，ゾウ見たよ。
ゾウ大きかったよ。
"グルンパ"みたいだった。
おはなで，パン食べたよ。

　この絵は，遠足で動物園にいったことを描いたものです。
　H君は，ゾウが一番心に残ったようです。ゾウが鼻をくるんとまいて，パンを食べたことが大きな驚きであったようです。

動物園のこと

　N君は，H君といっしょに動物園を見て歩いたことを描きました。
　動物園で，どこをとおって，何を見たか，順をおって，つぎからつぎへと絵図のように描いています。歩きまわった楽しさを描こうとするのも大事にしたいものです。

●　指導のポイント　●

　動物園のように，見るものがたくさんあるようなところを描くとき，できるだけ，一人ひとりの子どもが，何を見て驚いたり，何を発見し，ふしぎに思ったかを思いつくようなことばかけや話し合いを大事にすることです。

4歳児　畑のしごとを描こう

指導のねらい	畑活動は，部分的な形だけの作物づくりの体験ではなく，畑に肥やしを入れ，耕し，苗をうえ，草を引き，収穫するまでの活動として設定したいものです。 　絵に描くのは，季節によるそれぞれの活動ごとに設定して描きます。 　"春の耕し"では，畑の草引きから耕し，苗の植え付けまでの作業がありますが，それぞれの作業ごとに印象深い体験から，その内容を選ばせましょう。 　印象深く記憶されている子どもの畑活動は，草や土の中からいろいろな虫が出てきたとか，クワをもって土を起こしたというように，身体活動をとおした体験の中にあるはずです。そこに，本当の実感があり，それを思い起こして描かせましょう。
指導のポイント	子どもたちにとって畑の作業は，日ごろあまり自然に触れることのない生活のため，そのすべてが驚きと発見の世界です。 　どのようにして草を引き，どのようにして土を起こしたか，という身体の活動の中で味わった苦しさやつらさ，快さ，驚きや発見(感覚や感情)。それに子どもたちが気づいていくような働きかけ方が大切です。

準備するもの	画用紙（8つ切り。できれば薄い色2，3色の色画用紙）。 サインペン（細字用），色エンピツ。

展開（流れ）	○きのうの，畑のしごとを描こうね。 　「きのうの畑でしたしごとで，一番しんどかったのは何？」と問いかけて，畑でした体験を話し合います。 　できれば，先生が見つけた，子どもの発見やしごとぶりを取り上げて話題の中心にしましょう。 ○きょうは，ペンで描きます。あとで，色エンピツでぬってもよいことにします。 ○何のことを描くかを決めて，描きましょう。 　描きはじめたら，子どものようすを見ながら，個別に話し合いましょう。 　（迷っている子，イメージのわかない子への助言）
描き終わって	○「描けた」という子から聞きとりをします。（記録する） ○何人かの絵を取り上げて，その絵を見せながら話させましょう。

春の耕し

〈子どものつぶやき〉
おててでクワもっているの。
土ほるの，おもしろかった。
ほったら，虫とか葉っぱとか，
いっぱいでてきたよ。

　園では，年間をとおして畑を耕し，イモを植え，収穫する活動があります。最初は，春の耕しです。
　Yさんは，クワをもって土を耕しました。クワをとおして感じた土のかたさを手のギザギザで表現しています。クワを振り下ろすと，土のかたさが手にひびいてきたというのです。
　Yさんは，土起こしの実感をこのように描いたのです。

イモの苗を植えた

〈子どものつぶやき〉
苗を，かべ（土をほって
できたかべ）にさして，
手で土をかぶせたよ。
苗植えするの，楽しかっ
たよ。

　M君は，イモの苗を植えに，バスに乗ってでかけたこと，そして，苗の植え方を先生から教えてもらい，そのように植えたことを大きく描いて，植えた苗に一生けんめい手で土をかぶせたことを思い出して描いています。

● **指導のポイント** ●

　畑で，何を，どんなにしたかという身体をとおしての活動は，意外に子どもは鮮明に記憶しています。それが実感というものであり，その実感を引きだすことが大切です。

---

1 生活を描く

イモほりをした

〈子どものつぶやき〉
ちびイモ，でてきたよ。
土の中に，いっぱいおイモはいっていて，びっくりしました。
いっぱい家族いてるんやで。
あつかったけど，おもしろかった。

　この絵は，収穫のおイモほりをしたことを描いたものです。
　T君は，土の中のおイモは全部つながっていたことを発見し，驚いています。一つひとつのおイモがしっかりとつながって描かれています。このつながりをT君は"家族なんだ"ととらえています。ほのぼのとしたものを感じさせます。

やきイモしたよ

〈子どものつぶやき〉
やきイモしたよ。
けむりが，もくもくあがったよ。
そばに寄ると，あつかったよ。

　この絵は，5歳児といっしょに，ひろい集めてきた落ち葉で，やきイモをしたことを描いています。"そばに寄ると，あつかったよ"というE君のつぶやきから，たき火の煙のすごさと熱のあつさを実感し，その楽しさを描いています。

● 指導のポイント ●
　"どんなになってるかな？"という期待と心の弾みは，子どもの最高の喜びであり，楽しみです。その期待にふくらむ心の弾みが実感を強くし，絵を描く原動力にもなるのです。

4歳児　休みの日のことを描こう

指導のねらい	休みの日は，個々の子どもの一人ひとりの生活であり，自分の内側，心の中と向き合う生活体験があります。先生にとっては，子どもの描く絵をとおして，心に響くどんな体験をしたかを知る機会でもあります。 　休みの日に，どんな体験をしたのか，個々の子どもの驚きや喜怒哀楽の感情体験をつかみ，子ども理解を深めたいものです。 　休みの日に，どこで，何をしたのか，その体験をとおして，どんなことに驚き，どんなことに気づいたのか，何を感じたのか，心の動きをいきいきと描かせましょう。
指導のポイント	生活の体験を描くというのは，"何をしたか""どんなことがあったか"という"ことがら"の説明になりがちですが，その説明に追われると，自分は何を思い，何を感じたかがはっきりしなくなります。その体験で心の中にわき起こった感覚や感情をしっかりとつかみ，描くことが大切です。

準備するもの	画用紙（8つ切りより小さいものでよい），ザラ紙（B5判くらいのもの）。 エンピツ，サインペン，色エンピツ，えのぐ（8色）。 （これまでの用具経験にあわせて，えのぐで着色もさせたい）

展開（流れ）	○きょうは，お休みの日のことを描こうね。 　「先生はね，きのうこんなことがあったの」と先生が味わったひとりぼっちでさみしかったというような感情体験を話して聞かせます。 ○「みんなは，きのう，どんなことがあったの？」 　何人かの子どもの経験したことで，感じたこと，思ったことを取り上げて話し合います。 ○それでは，描きましょう。 　何を描こうか迷っている子とは，個別に話し合いましょう。 　何で描くか用具は，子どもに選ばせます。（エンピツ，サインペン） 　（色をぬりたい子には，色エンピツか，えのぐかどちらかを選ばせる）
描き終わって	○「描けた」という子から聞きとりをします。（記録する） ○何人かの子の絵を見せて，その子の話を聞きましょう。 　（子どもの素直な心の動きを伝え合い，共感の感情を味わう） 　（取り上げて，話させたい子の絵は見当をつけておく）

1　生活を描く

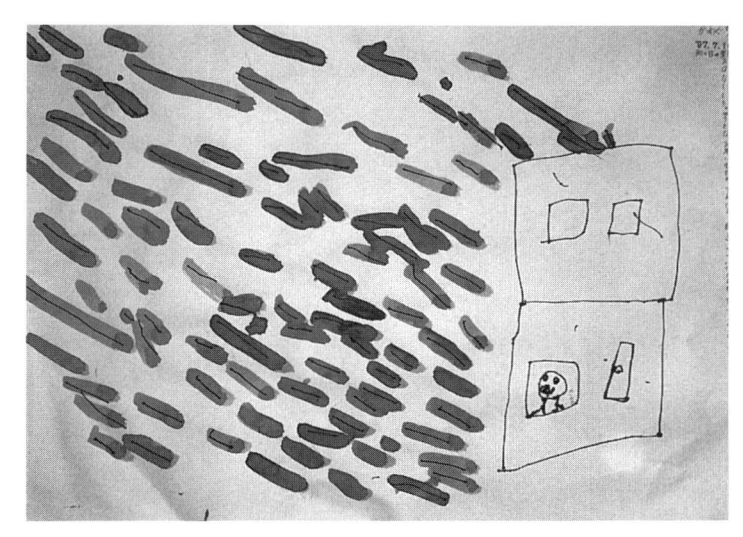

雨ふりの日

〈子どものつぶやき〉
おうちで，雨ふってるの見てるの。
おお雨やった。
Kな，お外いきたかったけど，雨ふってて，いけへんかった。ざんねんやった。

　K君は，家から雨を見ているところを描きました。ひとりでじっと雨のふっているのを見ながら，「外にいけなくてざんねんやなー」と思っている自分の気持ちと向き合っているようすがすがしみじみと伝わってきます。K君は，雨がななめにふっていることも発見して描いています。

台風のときのおでかけ

〈子どものつぶやき〉
おかあさんとぼくは，傘さしてんね。いもうとは傘さされへんね。
雨冷たくて気持ちよかった。
風強かったから，傘，ぎゅってもってたよ。

　H君は，「雨ななめにふってて，風すごかったわ」といいながらこの絵を描きました。雨や風の激しさを，しっかりとした線で描いています。また，いもうとをまん中にはさんで歩いているようすを描いてます。H君は，体をとおして感じた台風のときの雨風の実感を，家族のつながりとともに描いています。

●　指導のポイント　●

　子どもたちが，雨の日に，体や目で体験した冷たさやさみしさの実感を呼び覚ます働きかけが大切です。子どもは，その実感を描こうとすることで，自分のほんとうの思い（感覚，感情）に気づくのです。

自転車に乗って遊んだ

〈子どものつぶやき〉
自転車，乗ってたの。
"こまつき"なの。（補助輪つき）
Nちゃんは，こまなしなの。
ほんとうは，こまなしに乗りたいの。
でも，こわいの。

　Sさんの自転車はこまつき（補助輪つき）で，友だちのNさんは，こまなしの自転車に乗ることができるのです。Sさんは，それがうらやましくてしかたがないのです。しかし，乗りたいけれどこわい，こわいけれども乗りたい，という心の葛藤の中で自転車乗りの練習をしているのです。

おじいちゃんちへいった

〈子どものつぶやき〉
おじいちゃんちへいったよ。
おばあちゃんもいた。
ごはんのお料理してた。
ぼく，手伝ってへんね。
でも，楽しかったよ。

　K君は，冬休みに，遠く離れたおじいちゃんの家にいったことを描きました。
　画面の片隅に家の形を描き，その中におじいちゃん，おばあちゃん，両親，兄や姉を全部重ねるように描いて，おうちでみんなが，という楽しい家族的なつながりを描いています。

● **指導のポイント** ●

　生活を描くときは，生活の中で経験した"ことがら"を描くのではなく，経験したことで感じたこと。たとえば，困ったこと，うれしかったこと，というような感じたことをイメージの中心にすえて描くように，子どもたちに働きかけることが大切です。

1　生活を描く

4歳児　お楽しみ会（幼稚園の催し）のことを描こう

指導のねらい	幼稚園や保育所では，園をあげての催しがあります。子どもたちは，みんなその催しに参加して一日を楽しみます。子どもにとっては，心のときめく楽しみであり喜びです。 　催しの中のどんな遊びに参加したか。何が，どんなに楽しかったか。子どもたちと話し合いながら，個々の子どもが体験した，その遊びのようすを描かせます。
指導のポイント	もちろん，このような催しですから，ふだんはいっしょに行動することのないおとうさん，おかあさん，知り合いのおじさん，おばさんなど，たくさんの大人たちとの交流があります。この交流をとおして味わった楽しさやうれしさを，また，悔しさと腹立たしさの感情体験を大事にして，よく話し合い，描かせたいものです。

準備するもの	画用紙（8つ切り），和紙（A4判くらいの厚手のもの）。 画用紙の場合，サインペン，色エンピツ。 和紙の場合，筆（細い筆），えのぐ（8色）。 （これまでの用具経験にあわせて選ぶ） 　和紙に描くときは，和紙の特徴，水のしみ込みやすさによるにじみのよさがあります。ペン描きでも，水性のペンはにじみます。そこに和紙で描く絵の特徴があり，おもしろさがあります。

展開（流れ）	○きょうは，園のお楽しみ会のことを描こうね。 　「みんなは，お楽しみ会でどんな遊びをしましたか？」と問いかけて，子どもたちの経験を話し合います。 　"何が""どんなにおもしろかったか"を話し合うのですが，中でも大切なのは，"どんなにおもしろかったか"という動作やしぐさに焦点を当てての話し合いです。 ○おもしろかった遊びを描きましょう。 　何を描こうか迷っている子とは，個別に話し合いましょう。
描き終わって	○「描けた」という子から聞きとりをします。（記録する） ○何人かの子の絵を見せて，その子の話を聞きましょう。 　（取り上げて，話させたい子の絵は見当をつけておく）

みかん狩り競争をした

〈子どものつぶやき〉
みかん，とるところ，おもしろかったよ。
なかなかとれへんかった。
けど，おかあさん，だっこしてくれて，みかん，とれたの。
おかあさん，おもかったいうてた。

　Kさんは，運動会で"みかん狩り"競争をしました。一列にならんだみかんを，おかあさんといっしょに走ってとりにいったところを描いています。おかあさんと2人でいっしょに走ったことが，とてもうれしかったのです。いっぱい並んだみかん，大きく描いたおかあさんと小さな自分。Kさんのわくわくする心の弾みが感じられます。

さかなつり遊びをした

〈子どものつぶやき〉
さかなつり，楽しかったよ。
おにいちゃんもしたよ。
はっちゃんは，カエルがつれて，おにいちゃんはひもが，つれた。

　11月3日は幼稚園の文化祭です。

　Hさんは，遊びのコーナーで，模擬のさかなつりをしました。Hさんは，おばあちゃんやおにいちゃんといっしょに，さかなつりを楽しんだことを描いています。

● **指導のポイント** ●

　園の行事を絵に描くとき，みんなで何をしたか，ということに話し合いが集中します。しかし，そのような表面的なことがらではなく，それぞれの子どもが体験した心の中のときめきや，くやしさなど感覚や感情の働きにポイントをしぼって話し合うことです。

1　生活を描く

■ 筆描きをしよう ■

指導のねらい	一般に，幼児の場合は，筆描きはあまり経験していないことが多いようですが，できれば，4歳ごろから筆描きの経験もさせたいものです。 　筆で線描きの遊びを重ねながら，子どもが筆圧の加減を身につけるようになるまで，一度かぎりの線描き遊びではなく，2，3回と繰り返します。 　線描き遊びでは，形を意識しないで，思いのままの方向や筆の運び方で描かせることが大切です。
指導のポイント	筆は，太い筆よりも，細い筆（普通の習字の細筆）を使います。 　この活動の基本は，線描きです。紙にべたべたぬり込まないようしましょう。線描きの手順は，横線，斜線，縦線と，丸，三角，四角の線描きです。 　筆のもち方は，毛の部分から3cmほど上を人差し指と親指でしっかりはさんでもちます。この筆のもち方は，きちんと徹底しておきましょう。
準備するもの	紙は，最初は新聞紙を使います。ある程度なれてきたときに，古いザラ紙などで線描きをします。 筆（細筆）。墨汁（容器に入った市販のもの）と墨汁の取り皿。
展開（流れ）	◯墨汁で線描きをしましょう。 ◇取り皿に入れた墨汁を，筆に含ませます。 　　筆に含ませる墨汁の量は，一度たっぷりと含ませ，筆をもち上げたときに，何滴かたれ落ちる，そのたれ落ちる墨汁が落ちなくなったときに，もう一度，取り皿のはしで，含まれている墨汁をしぼるようにして墨汁の量を少なくします。これくらいの墨汁の量が描くのに適しているのです。 ◇横の線描きをしましょう 　　1．紙に筆を押さえるようにして線を引く。（何回か繰り返す） 　　2．紙から筆を浮かせて線を引く。（何回か繰り返す） ◇斜めの線描きをしましょう。 　　同じように1，2の描き方で描きます。 ◇縦の線描きをしましょう。 　　同じように1，2の描き方で描きます。 ◇以上の繰り返しのあとで。（このときは，自由な筆使いで描く） 　　・丸を描こう　　・三角を描こう　　・四角を描こう

5歳児　わたしの1日

指導のねらい	1日の生活は，子どもたちにとって，たんなる，きのうの繰り返しではありません。毎日毎日が驚きと発見，喜怒哀楽の感情生活だといえます。しかし，このような感情生活は，そのとき，そのときの感情体験であって，振り返ってみることがないかぎり，忘れられていきます。しかも，日常の生活は，ある部分，繰り返しの体験になるところもあります。したがって，そのとき，そのときの感情体験は，それなりの強い感覚や感情の働きがないかぎり，記憶も薄れていくことが多くなります。 　ここでは，1日の生活の中で，印象として子どもの心の中に残されている体験（感性的体験）を，改めて振り返り，それを，いつ，どこで，何をしたかを，順を追って絵に描いていく"生活絵巻"として表現させます。
指導のポイント	生活体験を順を追って描いていく絵巻は，"したこと"のたんなる説明にならないように，その体験で，子どもたちそれぞれが，何を思い，何を感じたか，を振り返りながら描くことが大切です。

準備するもの	ザラ紙（上質紙）。（ザラ紙は，横に描き，順に，つないでいく） 和紙（障子紙）。（和紙は，ある程度の長さ（1m）に切って使わせる） サインペン，えのぐ，細筆，色エンピツ。 （サインペンによる線描きを中心にする。あとで，えのぐか色エンピツで彩色する）

展開（流れ）	○ぼく（わたし）の起きてから寝るまでの一日を描きましょう。 　・起きてから幼稚園にくるまでのこと。 　・幼稚園の一日。　　　　　　　　　　　｝この3つに分けて描きましょう。 　・帰ってから寝るまでのこと。 ○起きてから幼稚園にくるまで，どんなことをしましたか？ 　それぞれ，自分のしたことを思いださせます。 ○起きてからしたことを，順番に描いていきましょう。 　どこで，何を，どのようにしたか。そこで思ったこと。 ○描いた子から内容の聞きとりをします。
描き終わって	○みんなの描いた絵を部屋に展示して，それぞれの絵を見ながら，子どもたちの感想を話し合います。 ○あとは，順次・幼稚園の一日・帰ってから寝るまでのことを描きます。

1 生活を描く

生活絵巻　家に帰ってからのこと（部分）

　この絵は，家に帰ってからのことを，順を追って絵巻風に描いたものです。
　K君は，おうちで，おかあさんから自分でできることは，自分でするようにいわれ，K君なりに努力しているのだそうです。K君は，どこで，何を，どうしたかをおさえ，ていねいに描いています。

生活絵巻　幼稚園でのこと（部分）

　この絵は，登園してから帰るまでのことを描いています。
　朝の遊びは，すべり台と三輪車に乗って遊んだこと。そのあとの園庭での砂場遊びでプリンをつくって遊んだこと。そして，お昼のおべんとうを食べたこと。それぞれ，そこで，どんなことがあったかを描いています。

●　指導のポイント　●

　一日の生活の中から，どこで，何をしたのか，どんなことがあったのか，絵巻のように順を追って描く絵は，そこで味わった生活感情を振り返ることになります。
　長い紙に順を追って描く"生活絵巻"も意義のある生活の絵です。

広島のとうろうながし

〈子どものつぶやき〉
外国の人もたくさんいたよ。
大きなとうろうを自分でつくってもってきた人もいたよ。
お兄ちゃんが「ぼくもつくってもってきたらよかった」といってたよ。

　M君は、8月に両親の実家の広島にいきました。原爆投下の日、おばあちゃんは被爆したのだそうです。夕方、原爆ドームを見て、ひいおじいちゃんのとうろう流しをしました。
　右上に描かれた原爆ドーム。とうろう流しを見ている大ぜいの人たち。下に描かれた四角形は、川に流されたとうろうです。

七夕のねがいごと

〈子どものつぶやき〉
おかあさん、おこってばかりやから、おこらなくなってほしい。

　Rさんは、七夕のねがいごとに、"おかあさん、おこらないでほしい"とかきました。そして、そのことを絵に描きました。手をふりあげているおかあさん、涙を流しているRさん。Rさんは、そのようなくらしの中のおかあさんへの思いを実感をこめて描いています。

● 指導のポイント ●

　どんな子でも、日常の生活の中で、さまざまな感情を味わいながらくらしています。そんな子どもたちの、さまざまな人と人の関わりをとおして抱く生活の中の感情を描くことが大切です。

1　生活を描く

タコあげをした

〈子どものつぶやき〉
おとうさんは，紙ひこうき，さとしは，タコあげてんの。おねえちゃんは，学校でつくった自分のタコ。
タコ，あげんのむずかしいで，風きたら，じっとしていてもあがるけど，風なくなったら，走らんと，とばへんねで。

　T君は，家族でタコあげにでかけたときのことを描きました。
　T君は，この絵を描きながら，タコあげにいったときのいろいろなことを思い返しています。タコがうまくあがるときの条件やあげ方を，自分の体験をとおして確かめています。

コマまわしをした

〈子どものつぶやき〉
おじいちゃんとコマまわししてるの。おじいちゃんと勝負したら，いつも，ぼく負けるねん。
おじいちゃん，はやくまん中でまわるけど，ぼくのは，はしっこに当たってばかりやから，あかんねん。

　幼稚園では，この時期，子どもたちの間でコマまわしがはやっていました。
　S君は，家でおじいちゃんとコマまわしをして，どんなまわし方をすればよくまわるか，練習していることを描いています。

●　指導のポイント　●

　子どもたちにとって，タコやコマのような遊びは，けっこう，技術が必要です，子どもは，それをまわりの大人から学びます。どうすればよいか，子どもが体をとおして獲得した技術，そのしぐさや動作を話し合うことが絵を描く上でも大切です。

5歳児　畑の草引きをした（畑活動）

指導のねらい	畑活動は，疑似体験のようものでなく，年間をとおして，畑に肥やしを入れ，耕し，苗を植え，草を引き，収穫するまでの実際のしごととして活動を展開するようにしたいものです。 　子どもにとって，畑のしごとは，保護者と共同するしごととして設定されるものの，それなりの，しごと（労働）のしんどさを味わう体験となります。 　しかも，このような自然と向き合い，作物をつくるという活動は，しごと（労働）のしんどさを味わうというだけでなく，土を耕すとか，草を引くという身体の活動をとおして，さまざまな自然の姿に驚き，自然の力に感動する体験をともないます。畑活動は，子どもにとっては，このような総合的な活動であるため，描くのに困らない題材だといえます。 　畑の草引きをしたという体験を，それぞれの体験にそくして，いきいきと描かせたいものです。
指導のポイント	子どものたちの畑の作業は，体を使った活動であり，最も，実感の強い体験です。子どもが，その体験をとおして何に驚き，何を発見したのか，どんな感覚や感情を味わったのか，を振り返り，その実感を描くことです。

準備するもの	画用紙（8つ切り。できれば薄い色2，3色の色画用紙）。 サインペン（細字用），色エンピツ，えのぐ（固形の皿えのぐ），細筆。

展開（流れ）	○きのう，畑の草引きにいったときのことを描きましょう。 　「きのうの草引き，大変だったね。しんどかった？」と問いかけて，草引きで体験したことを話し合います。 　どんなことがあったか，何を見つけたか，何がしんどかったか，子どもの驚きや発見，しごとぶりを取り上げて，話し合います。 ○何を描くか，自分で決めて描きましょう。 　きょうは，サインペンで描きます。あとで，色エンピツかえのぐでぬりましょう。えのぐを使うときは，固形の皿えのぐを使い，筆と水の加減の仕方を教えましょう。（子どもがそれぞれ個別で使うときは，個別に教える）
描き終わって	○描いた子から内容の聞きとりをします。（記録する） ○みんなの描いた絵を部屋に展示して，それぞれの絵を見ながら，子どもたちの感想を話し合います。

1　生活を描く

落ち葉ひろいにでかけた

〈子どものつぶやき〉
木のいっぱいあるところ,落ち葉ひろったよ。なんか,トランポリンみたいにぶよぶよしてたよ。
そこ,ほってみたら,小さな葉っぱが,いっぱいあって,くさっていたよ。

　園では,年間をとおして,畑づくりの活動があります。5歳児は,1月に畑の肥やしにするため,落ち葉をひろい集めます。
　K君は,落ち葉が積み重なっているところが,ふんわりと気持ちがよくて,飛びはねて遊びました。そして,葉っぱをひろいました。落ち葉を上からめくっていくと,だんだん色が黒くなり,葉っぱの形がなくなっていくことを発見しました。

畑の草引きをした

〈子どものつぶやき〉
草引っぱったらたくさんぬけたけど,ぬいてるときに,"ぽーん"と,何回もおしり,ついちゃった。
草じゃなくて,おイモの葉っぱぬいたら,根っこがでてたよ。

　この絵は,7月に草引きにいったときのことを描いています。
　畑は,土がかたくなっていて,草を引くのが大変でした。まちがえてイモの苗を引っぱったら,根っこがのびていたことも発見しています。

● **指導のポイント** ●

　子どもたちにとって,畑のしごとは,いくらか遊びの要素がくわわります。それでも,子どもはその活動の中から,いろいろなことに驚き,何かを発見します。その驚きや発見を描くことが,絵をいきいきとしたものにするのです。

イモほりをした

〈子どものつぶやき〉
おイモほり，おもしろかった。だって，おイモほってると，みみずとか虫，いっぱいでてくるもん。
かん君，ひとつのおイモが2つになってたんやで。ゆう君も，細長くて，剣みたいなおイモあった。

　この絵は，10月に畑のイモほりにいったときのことを描いたものです。
　Y君は，土の中からいろいろな生きものがでてきたこと。さつまイモの根の伸び方やイモの入っているようすを見つけ，そのことを描きました。

やきイモしたよ

〈子どものつぶやき〉
"煙が天までとどいたよ。"やきイモをしたときの煙が高く上がり，その空を見上げながら，思わずつぶやいたことばです。

　この絵は，落ち葉をひろい集めて，焼きイモをしたことを描いたものです。
　4歳児と5歳児のペアーで，落ち葉ひろいからイモを分配し，やいたので，その続きで，この絵をペアーで描いています。盛り上がった落ち葉の山と，そこから高く上がる煙を，2人で話し合いながら，ていねいに描いています。

● 指導のポイント ●

　子どもたちの畑の作業は，体を使った活動であり，最も強い実感のある体験です。
　子どもが，その体験をとおして何に驚きを感じ，何を発見したのかを，見逃さないように話し合い，それを描くことが大切です。

1　生活を描く

稲からお米になるまで

〈観察の絵〉
稲を刈り取ったあと，束にして干しました。左の絵は，その干してある稲の束を見て描いたものです。
束になった稲をよく見ながら，一本一本ていねいに線で描いています。

　稲が乾いたころ，稲の穂からモミを取り，乾かします。そして，このモミからお米を取りだします。最初は，一粒ずつ手でむいてみました。意外に殻はかたく，粒も小さいので，うまくむきとることができず，時間もかかります。そこで，木綿の布ぶくろにモミを入れて，すりこぎでトントンたたいてモミガラを取ることにしました。「ゆっくりやで，きつくたたいたら，お米つぶれるで」と声をかけ合いながら，順番にたたいていきました。布ぶくろを開けてみると「あ，かわ取れてる！」「取れてる！　取れてる！」と子どもたちは大騒ぎです。
　そして，お米とモミガラを振り分けるしごとも，子どもたちとくふうしながら，その作業をすすめていきました。そして，玄米のままお米を洗って炊いて食べました。
　下の絵は，そのしごとの手順をどうすすめたかを，絵巻の形式で描いたものです。

5歳児　運動会のことを描こう

指導のねらい	幼稚園や保育所では，園をあげての運動会があります。子どもたちは，みんなその運動会に参加して一日を楽しみます。子どもにとっては，期待と不安の中で，心をときめかせる一日となります。 　運動会の中のどんな遊びや競技に参加したか。何が，どんなに楽しかったか。どんなことにどきどきしたかなど，子どもたちと話し合いながら，個々の子どもが体験した，その遊びや競争のようすを描かせます。
指導のポイント	子どもにとって，運動会は，ふだん以上に，緊張の連続する一日です。その緊張の中で味わった喜びや楽しさ，苦しさや悔しさ，という感情体験にポイントをしぼって話し合い，どんなであったか，したことの説明にならないように，そのときの実感を描くようにします。

準備するもの	画用紙（8つ切り）。和紙（A4判くらいの厚手のもの）。 画用紙の場合，サインペン，えのぐ(固形えのぐ8色)，細筆。色エンピツ。 和紙の場合，サインペン，えのぐ（固形えのぐ8色），細筆。 （これまでの用具経験にあわせて選ぶ） 　和紙に描くときは，水のしみ込み易さによる"にじみ"があります。ペン描きでも，水性はにじみます。そこに和紙の特徴があります。

展開（流れ）	○きょうは，運動会のことを描きましょう。 　「みんなは，運動会で，どんなことをしたのが楽しかった？」と問いかけて，子どものたちの遊戯や競争の体験を話し合います。 　"何が，どんなに楽しかったか""何が，どんなにうれしかったか""何が，どんなに悔しかったか""何が，どんなに苦しかったか"など，子どもが実感していることを，そのときの動作やしぐさをまじえながら話し合います。 ○運動会で何をしたことを描くか，自分で決めて描きましょう。 　何を描こうか，迷っている子とは，個別に話し合いましょう。
描き終わって	○「描けた」という子から聞きとりをします。（記録する） ○何人かの子の絵を見せて，その子の話を聞きましょう。 　（取り上げて，話させたい子の絵は見当をつけておく）

1　生活を描く

つな引きをした

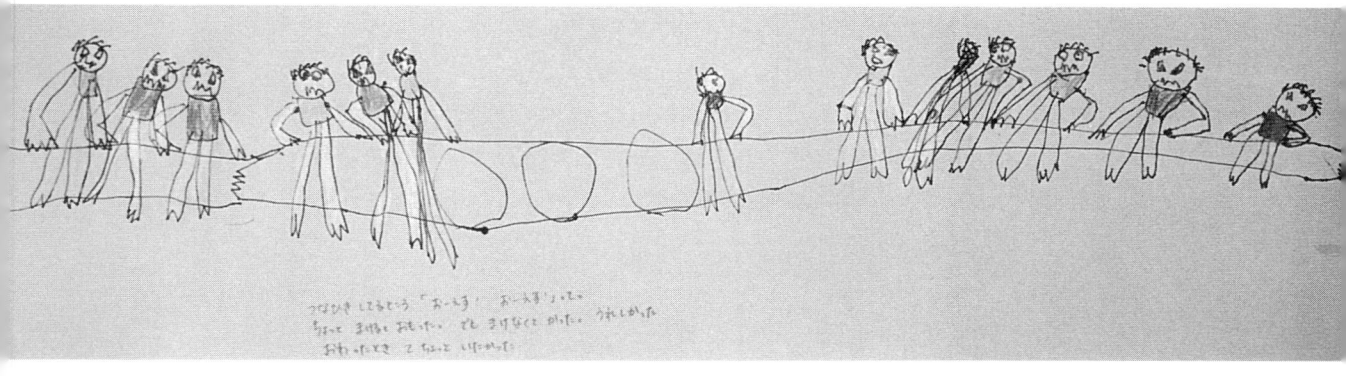

　この絵は，園の運動会での，クラス対抗のつな引きを描いた絵です。
　Y君は，最初，相手に引かれて負けそうになりながら，じりじりと巻き返していった自分のクラスのつな引きのようすを描きました。力を入れてふんばっている仲間や相手の子どもたち。負けそうになりながら勝つことができたうれしさが，この絵を描かせたのです。

タイヤ引き競争をした

〈子どものつぶやき〉
タイヤ引き，おもしろかった。
まわるところが，むずかしいから，おおきくまわるようにした。
大成功やった。

　T君は，運動会で，タイヤ引きをしたときのことを描きました。
　自分なりに，いろいろと知恵を働かせて，どのようにタイヤ引きをしたかを思い出し，そのおもしろさを確かな線や形で描いています。

●　指導のポイント　●

　運動会のようなことを題材にして描くとき，大切なのは，子どもが体をとおしてつかみとっている実感を描くことです。そのために，苦しさを克服しながら，"負けるものか"とがんばる子どもの強い意志力に共感を寄せながら，その競争で，どんなにしたかを，思いださせることです。

5歳児　マラソン大会のことを描こう

指導のねらい　　幼稚園や保育所では，寒さに負けず，体を鍛える意味でマラソン大会をします。もちろん，そのために，朝のある時間，走る練習もします。

子どもたちは，それなりに，強い意欲をもって参加しますが，けっこう厳しい運動となり，期待と不安の中のマラソンとなります。

マラソンのコースをどのようにして走ったか。何が，どんなに苦しかったか。そこで，子どもたちはどんな励まし合いをしたか，など，終わったあとの爽快感をもって振り返り，マラソンの苦しかった体験の中で，どんなことを思い考えたかを子どもたちと話し合い，それぞれの子どもが体験したマラソンの実感を描かせます。

指導のポイント　　子どもにとって，マラソンは，緊張と苦しさの中で味わう爽快感があります。だれと，どのようにして走ったか，その中でどんなことがあったか，などに子どもたちの目を向け，話し合います。どのようなところを走ったか，というような説明にならないように，そのときの実感を描くことです。

準備するもの　　画用紙（8つ切り）。和紙（A4判くらいの厚手のもの）。
画用紙の場合，サインペン，えのぐ（固形えのぐ8色），細筆，色エンピツ。
和紙の場合，サインペン，えのぐ（固形えのぐ8色），細筆。
（これまでの用具経験にあわせて選ぶ）
（画用紙（和紙）をつないで長くし，絵巻風に連続した絵にしてもよい）

展開（流れ）　　○きょうは，マラソン大会のことを描きましょう。

「みんなは，マラソン大会，しんどかった？」と問いかけ，子どものたちの走りつづけた体験を話し合います。

"だれと，どんなにして走ったか""その中でどんなことがあったか""何が，どんなに苦しかったか"など，子どもが実感していることを，その動作やしぐさをまじえながら話し合います。

○どこを，どのようにして走ったかを描きましょう。

どんな場面にするか，迷っている子とは，個別に話し合いましょう。

描き終わって　　○「描けた」という子から聞きとりをします。（記録する）
○何人かの子の絵を見せて，その子の話を聞きましょう。

（取り上げて，話させたい子の絵は見当をつけておく）

1　生活を描く

マラソン大会で走った

〈子どものつぶやき〉
たいへんやった。
Fちゃん，ちょっと，うしろにたおれかけてたから，支えながら走った。
"がんばれ"っていってあげた。
マラソン，つかれたけど，楽しかった。

　この絵は，1月におこなわれた園のマラソン大会を描いた絵です。
　J君は，先生や子どもたちに応援されながら，友だちといっしょに，その友だちを支え，励ましながら走ったことを描いています。

マラソン大会で走った

〈子どものつぶやき〉
マラソンしんどかったけど，楽しかった。
えりちゃんに"がんばろうね"って，ずうっといってたの。えりちゃんも"がんばろうね"っていってた。パパ自転車で，ずうっと追いかけて，"がんばってー"っていってた。

　1月のマラソン大会では，年長児は，3kmのコースを走ります。
　Hさんは，自転車に乗ったおとうさんの応援を受けながら，友だちと励まし合って走ったことを描いています。Hさんは，走ることはあまり好きではありません。それでも，けんめいに走った満足感があって，このような絵を描いたのです。

● **指導のポイント** ●

　マラソンのような題材を絵に描くときは，どのようなところを走ったか，というような説明にならないようにすることです。だれと，どんなにして走ったか，というような自分が実感したことに子どもたちの目を向け，それを描くことです。

5歳児　みそづくりをしたことを描こう

指導のねらい	日常の生活と直結したものづくりとして，幼稚園で，みそづくりをします。子どもたち（年長児）は，みんなで，そのみそづくりに参加します。子どもにとっては，驚きと発見の連続する，心のときめく体験です。 　みそづくりの作業工程の中のどんなしごとをしたのか。何がふしぎで，何がおもしろかったか。子どもたちと話し合いながら，個々の子どもが体験した，その工程の中のしごとのようすを描かせます。
指導のポイント	もちろん，このような作業ですから，ふだんは体験することのない作業であり，それなりの手作業のものめずらしさとつらさがあります。また，その作業をとおしての友だちとのふだんとはちがう交流もあります。この手作業の体験をとおして味わった楽しさやつらさ，おもしろさを話し合い，作業工程の手順にそって描かせます。

準備するもの	画用紙（8つ切り）。和紙（A4判くらいの厚手のもの）。 画用紙の場合，サインペン，色エンピツ。 和紙の場合，筆（細筆）かサインペン，えのぐ（固形えのぐ8色）。 （これまでの用具経験にあわせて選ぶ）

展開（流れ）	○きょうは，みそづくりのしごとを描きましょう。 　子どもたちの体験を土台に，みそづくりの作業工程を話し合います。 　1．豆を洗う。　2．豆を煮る。　3．豆をレンゲでつぶす。　4．塩とこうじを混ぜてつぼにつめる。 　それぞれの作業で"何がふしぎだったか""何がおもしろかったか"を話し合い，その工程の作業を確認します。 　その作業を"どのようにしてやったか"動作やしぐさをまじえて話し合います。 ○おもしろかったみそづくりを描きましょう。 　それぞれの作業工程を話し合って分担して描くか，それぞれの好きな作業工程のひとつを選んで描いてもいい。（描いてみたい子は，いくつかの作業工程を描いてもいいことにする）
描き終わって	○「描けた」という子から聞きとりをします。（記録する） ○みんなの描いた絵を部屋に展示して話し合いましょう。

1　生活を描く

みそづくり（幼稚園の行事から）

〈子どものつぶやき〉
A君と，すり鉢で豆，すりつぶした。
すっても，なかなかつぶれない。
手がだるくなった。
でも，おもしろかった。

　この絵は，K君が，すり鉢でみそをすっているようすを描いたものです。
　豆は，毎日の生活に大切なみそやしょうゆ，とうふをつくる材料です。園では，それを実際に加工して，みそをつくる作業を子どもたちといっしょにおこないます。
　できたみそは，翌年の秋に，みそ汁をつくり，食べます。

おにがきた（節分の催し）

〈子どものつぶやき〉
おにがきた。こわかった。ことりぐみの子，泣いてた。でもね，じっと見てたら，"遊びたい"いうてるみたいやった。

　この絵は，おにの登場に子どもたちが驚いたことを描いたものです。
　節分の日は，園のホールで節分の話を聞き，そのあと"豆まき"をします。舞台の幕間から赤おに，青おにが現れ，子どもたちは「おにはそと，おにはそと」と叫んで，おにを追い払おうとします。おには，パントマイムのようなしぐさで，子どもたちと仲よくなっていきます。

● 指導のポイント ●
　園の行事は，子どもたちが心を弾ませて参加します。その体験を描くことも大切です。

5歳児　劇あそびのことを描こう

指導のねらい	幼稚園や保育所では，年に一度は，子どもたちの発表会があります。子どもたちは，この発表会に向けて歌やリズム，劇の練習をします。そして，当日，子どもたちは心をはずませて，けんめいに歌やリズム，劇を演じます。 　ここでは，子どもたちがけんめいに演じた劇のことを描かせます。 　子どもたちは，けんめいに劇を演じながら，子どもなりに，そこで，感覚や感情を働かせて，ものを見，考え，感じているはずです。 　子どもが，劇を演じながら，何を見，何を考え，何を感じたか，その体験をとおして，子どもが驚いたことや気づいたこと，とまどったことを話し合い，描かせます。
指導のポイント	子どもは，劇を演じながら，"どんなところで，何があったか"をけっこう冷静に見て，とらえています。しかし，劇遊びを描くとき，"あったこと"にこだわりすぎると，ただの平板な説明画になってしまいます。子どもが何に胸をときめかせ，驚き，何にとまどったか，心の動きを振り返り，そこで味わった感覚や感情をしっかりととらえ，"どんなだったか"動作やしぐさをまじえて話し合い，描くようにすることです。

準備するもの	画用紙（8つ切り。できれば3，4色の色画用紙）。 エンピツ，サインペン，えのぐ，色エンピツ。
展開（流れ）	○「おとうさんやおかあさんに観てもらった劇は，どうだった？」という問いかけから，子どもと劇をしたときのことを振り返り，話し合います。 「どきどきしたことは？」「驚いたことは？」「困ったなーと思ったことは？」「やったーと思ったことは？」などなど。心の動きに焦点をあて，動作やしぐさをまじえて話し合います。 ○描こうと思ったことを描きましょう。 　何を描くかは，子どもにまかせ，決めさせます。 ○子どもが，「ここは，どうなってたかな？」など，とまどいを感じているときは，ていねいに子どもと話し合います。（一方的に指示しない）
描き終わって	○描けたという子から聞きとりをします。（記録する） ○何人かの絵を見せて，その子の話を聞きましょう。 　（取り上げて，話させたい子の絵は見当をつけておく）

1　生活を描く

"かさじぞう"の劇あそび

〈子どものつぶやき〉
"かさはいらんかねー"っていうてるところ。
しょうちゃん，ニンジンの皮むいて遊んでた。
舞台やし，いえへんかった。
おかあさん，ビデオ撮ってた。はずかしかった。

　この絵は，父母の参観のとき"かさじぞう"の劇をしたことを描いています。
　この日，A君は，おじいさんの役をしていました。このとき，野菜を売る役の子が，ニンジンの皮をむいて，遊んでいたことを気にしながら劇をしたことを描いています。

夕涼み会のおばけやしき

〈子どものつぶやき〉
ドア入ってから，すごくこわくて，みんなかたまってたん。
おばけがでてきて，おばけにかこまれたん。
のりお，がんばっていくっていった。
なぎさ，ちょっと泣いてた。
しゅうご，こわくて，わーってゆうてた。

　この絵は，子どもたち何人かで，園のホールの暗いおばけやしきに入ったことを描いています。最初，Sくんは，暗やみがこわくて泣いていました。しかし，しばらくするとだんだん落ち着いてきて，まわりのようすや友だちのようすを冷静に見ています。

● 指導のポイント ●

　子どもは，このような緊張する場でも，結構，まわりのようすを見ています。胸のときめく緊張は，その一方でかなりの冷静さを伴うものです。このような子どもの目を大事にしたいものです。

2 お話を描く

> **3歳児　お話絵巻　ちいさなこだまぼっこ**

指導のねらい	『ちいさなこだまぼっこ』（あまんきみこ作・渡辺洋二絵，大日本図書）を絵本の区切りにそって話して聞かせ（絵は見せない），お話絵巻（お話の流れにそって描く連続した絵）にして描きます。 　このお話は，目に見えない"こだま"を擬人化した主人公にして，語られています。"相手の気持ち"と"自分の気持ち"が通じ合ったり，すれちがったりして，うれしくなったり，怒ったり，さみしさを感じたりしながら人と人の関係がつくられていく過程が，このお話のおもしろさであり，主題ともなるものです。 　子どもたちは，この"こだまぼっこ"とキコちゃんのやりとりを，自らの生活で経験している感情体験と結び合わせて，うれしくなったり，怒ったりしながらお話の世界を体験していきます。そして，子どもは，感覚や感情を働かせて，人の心のやさしさというものを理解していくのです。 　子どもが，お話を聞いて，何を思い，何を考え，感じたか，お話の流れにそって感じとったことを描かせたいものです。
指導のポイント	お話の絵は"あったこと"の説明になりがちです。何に胸をときめかせ，驚き，何にとまどったか，そこで味わった感情を振り返り，"どんなだったか"動作やしぐさをまじえて話し合い，描くようにすることです。

準備するもの	画用紙（8つ切りの半分。できれば3，4色の色画用紙）を横長につなぐ。エンピツ，サインペン（色エンピツ）。（何で描くか，先生が決める）
展開（流れ）	◇このお話の絵は，絵本の区切りにそって，ひと区切りごとに語り聞かせ，描きます。（お話の流れにそった連続した絵に描く） 　（以下はお話の最初の場面の展開） ○1の場面の語り。（ゆっくりと抑揚をつけ，感じをこめて話す） ○話し合い。キコちゃんが，どこで，だれと，どのようにして出会ったか，そして，どうしたかを話し合います。 ○"何が，どんなだったか，どうなったか"子どもが感じとったように描かせます。（子どもがどのように描いているかを確かめ，励ます）
描き終わって	○描けたという子から聞きとりをします。（記録する） ○みんなの絵を一つひとつ見て，その子の話を聞きましょう。 　（だれが，どんなふうにしているか，話させる）

2 お話を描く

このお話は，ひとりぼっちの"こだまぼっこ"がキコちゃんという女の子に出会い，キコちゃんに反発したり，怒ったりしながら，しだいにキコちゃんが好きになり，大切にしていたビワの実をあげようと思うようになるというお話です。

お話絵巻　ちいさなこだまぼっこ

〈子どものつぶやき〉
これ，ビワの木。キコちゃん泣いてるの。おばあちゃんがハンカチで，ふいてあげてるの。こだまぼっこが聞いて怒ってるの。

この絵を描いたT君は，ひとりぼっちになった自分の経験を「おかあさん，お買い物にいっておそくなったん。ひとりぼっちでさみしかったよ」と話しています。このような経験が，T君が，このお話に共感していく大きなきっかけになっているのです。

お話絵巻というのは，"ことのなりゆき"（時間の流れ）を順に描いていく絵です。絵巻は，時間の流れを空間に置き換えて描いていく絵です。子どもは，空間の意識がほとんどありません。したがって，「何が，どうなっていくか」という子どもの強い"興味"や"関心"に支えられた関係意識の働きが空間を位置づけることになるのです。

● 指導のポイント ●

いま，子どもたちの多くが，まわりの人たちの手厚い保護の中で，このような"さみしさ"を体験することがありません。しかし，このような体験が人との関係をつくっていく力となるのです。そのためにも，このようなお話の間接的な体験が大切です。

3歳児　お話の絵　きつねのおきゃくさま

指導のねらい	『きつねのおきゃくさま』（あまんきみこ文・二俣英五郎絵・サンリード）は，腹黒いキツネと素直で純粋なヒヨコ，アヒル，ウサギのさまざまな関わりをとおして，しだいに，素直なヒヨコたちを大事にしていくようになるキツネの揺れ動く心の葛藤が描かれ，最後に，キツネがヒヨコたちを守ろうとオオカミと戦い死んでしまうというお話です。 　子どもたちは，このキツネとヒヨコたちの関わりを，それぞれの生活の中で体験している人との関係から味わう喜怒哀楽の感情と結び合わせて，わがことのように喜んだり，怒ったりしながらお話の世界を体験していきます。 　そして，子どもは，そのような感情体験をしながら，ヒヨコの素直さや純粋さに引き込まれていくキツネを，けんめいに応援していきます。 　3歳児は，なぐりがきから図式が生まれる過渡期です。子どもが，お話を聞いて，何を思い，何を感じたか，お話の流れの中で感じとったことを，子どもなりの描き方で自由に，場面ごとに描かせます。（絵本の絵は見せない）
指導のポイント	お話の絵は"あったこと"の説明にならないように，どんなことに胸をときめかせ，どんなことを感じたのかを中心に話し合い，それが"どんなだったか"，動作やしぐさをまじえて確かめ合い，描くことです。

準備するもの	画用紙（8つ切り。できれば3，4色の色画用紙）。 クレヨン，色エンピツ。（何で描くか，先生が決める）

展開（流れ）	◇このお話の絵は，それぞれが描きたいと思うところを描かせます。 　　（好きな一場面を取りだして描く） ○「このお話のどんなところがよかった？」と問いかけて，話し合います。 　それぞれが，一番心を動かされたところを，話し合って見つけます。 　　だれが，どんなにしてたか，動作やしぐさをまじえて話し合います。 ○自分が一番描きたいところを描きましょう。 　"何が，どんなだったか"子どもが感じとったように描かせます。 　　（子どもが，どんなイメージをつくり，描いているかをていねいに見て， 　　　いいところをほめ，励ます）
描き終わって	○描けたという子から聞きとりをします。（記録する） ○何人かの絵を見ながら，描いた子の話を聞きましょう。 　　（だれが，どこで，どんなふうにしているように描いたか，話させる）

2　お話を描く

　この絵は，絵本の絵を見せないで，お話を語り聞かせて描いたものです。
お話の絵　きつねのおきゃくさま

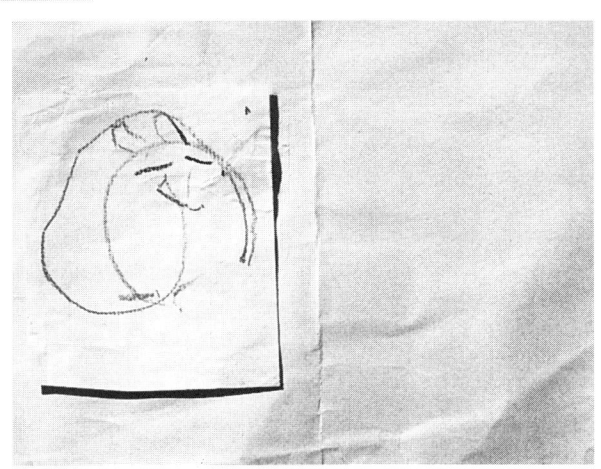

　Aちゃんは，最初左側のような"キツネ"の絵を描いて，浮かない顔をしてもってきました。「どうしたの？」と聞くと「描けないの」といいます。描きたい絵が描けなかったのだと思い，「じゃあ，紙をはってあげようか」というと「うん」とこたえ，描いた絵の上に画用紙をはりました。Aちゃんは，はり直した画用紙に右のような"きつね"の絵を描き直したのです。Aちゃんは，この場面での"キツネ"の姿に，いつもとは違うイメージがあったのです。"死んでしまったきつね"に対する驚きと悲しみ。この感情の高まりが，いつもとは違うイメージをつくらせたのです。

●指導のポイント●
　子どもが自分の描いた絵を「違う」と感じたとき，紙をはって消すか，新しい画用紙に描き直すことを保証してあげましょう。子どもは，そのようにして新しい形の世界を発見し，描く力をつけていくのです。

お話の絵　きつねのおきゃくさま

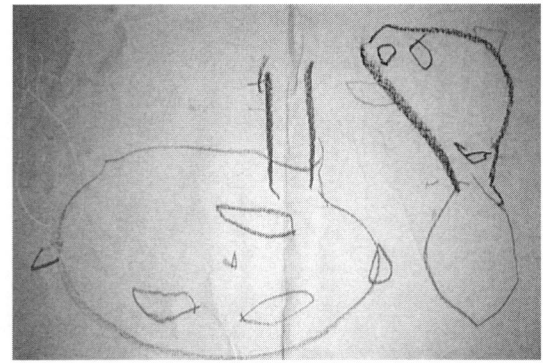

　K君は，このお話の中の"キツネとオオカミが出会う場面"（左）と"戦う場面"（右）を描きました。K君は，いつもと違って"オオカミ"に"キツネ"がキックやパンチを浴びせている姿を描いています。いつもの人の形（左）は，頭と足の2本線だけですが，このときは，キックする足を強く意識して描いています。

ゴミをぽいぽい，やまからにげてきた

〈子どものつぶやき〉
ぼくね，おもちゃ，ポンして，すてた。
ジュースのカンも，ポンして，すてた。
むしさんとか，死んだらあかんね。

　この絵は，父母の会のリサイクル活動のときに，『ゴミをぽいぽい，やまからにげてきた』（谷川俊太郎作・田島征三絵，童心社）を取り上げて描いたお話の絵です。
　T君は，この絵を描きながらお話の内容と，実際の自分の生活を対比して，何げなく自分がしてきたことが，小さな生きものたちを死なせていることに気づき，心配していました。

● **指導のポイント** ●

　お話の絵は，絵本の話を聞いて，その内容を再現しようとすることですが，それは，たんなる再現ではなく，子ども一人ひとりが，お話の内容をきっかけにして，自分の体験と結びつけながら，自分なりの思いや考えをつくります。イメージは，そのような活動の中で，描きながらつくられていくのです。

2 お話を描く

> **4歳児　お話絵本　きつねのおきゃくさま**

指導のねらい	子どもたちに，『きつねのおきゃくさま』（あまんきみこ文・二俣英五郎絵・サンリード）を，絵本の絵は見せないで読み聞かせ，絵は，絵本の形式で，6つの場面に区切って描かせます。 　このお話では，腹黒いキツネと純粋で素直なヒヨコ，アヒル，ウサギという対称的な性格をもつ者の関わりをとおして，キツネの揺れる心の葛藤が語られていきます。 　子どもたちは，このキツネとヒヨコたちの関わりを，生活の中の人間関係から味わう感情体験と結び合わせて，わがことのように喜んだり，怒ったりしながらお話の世界を体験していきます。そして，子どもたちは，ヒヨコの素直さ純粋さに，しだいに引き込まれていくキツネに同化して，けんめいに応援していきます。その感情の高まりを描くエネルギーにして描かせます。 　4歳児は，描く図式が確定する時期です。子どもが，お話を聞いて，何を感じたかを，描きながら描き方を考え，図式の世界を深めさせます。
指導のポイント	お話の絵は，どんなことに胸をときめかせ，何を感じたのかを，自分なりに振り返り，それが"どんなだったか"，動作やしぐさをまじえて話し合い，その関係を描くようにすることです。

準備するもの	画用紙（8つ切り。できれば3，4色の色画用紙）。 クレヨン（クレパス），色エンピツ。（何で描くか，先生が決める）
展開（流れ）	◇このお話の絵は，絵本のように，6つの場面に区切って描きます。 　（以下はお話の最初の場面の展開） ○「きょうのお話は，だれが，どうなったの？」と問いかけて話し合います。 　だれが，どんなにしていたか，動作やしぐさをまじえて話し合います。 ○きょう聞いたお話を描きましょう。 　"何が，どうしたか"子どもが感じとり，つかみとった主人公たちの関係を，動作やしぐさをくふうして描かせます。 　（子どもが，どのように関係をイメージし，描こうとしているかを，一人ひとり確かめ，助言する）
描き終わって	○描けたという子から聞きとりをします。（記録する） ○何人かの絵を見て，それぞれどのように描いているかを話し合いましょう。 　（聞きとりをした内容から，取り上げる絵を選ぶ）

このお話の絵は，子どもたちに，お話をそれぞれの場面ごとに読み聞かせ，絵本の形式で描かせています。

　腹ぺこのキツネが一羽のヒヨコと出会います。キツネは食べてやろうと思いますが，太らせてから食べてやろうと考え，家に誘い，ごちそうを食べさせます。ヒヨコは，そんなキツネを"やさしいおにいちゃん"だと思い，アヒルやウサギを誘ってキツネの家につれてくるのです。

お話絵本　きつねのおきゃくさま

①　②

③

　この絵を描いたFちゃんは，ヒヨコやアヒルを食べようと考えているキツネではなく，ごちそうを食べさせてくれるやさしいおにいちゃんとして，それぞれの場面を描いています。
　ヒヨコとキツネ。ヒヨコとアヒル，キツネ。ヒヨコとアヒルとウサギ，キツネという3つの場面のありさまを，その会話が聞こえてくるように描いています。

2　お話を描く

　ある日，オオカミが山から下りてきて，ヒヨコやアヒル，ウサギを食べようとします。キツネは，ヒヨコやアヒル，ウサギを守ろうとして，オオカミと戦い，山へ追いかえします。ところが，その晩，キツネはオオカミと戦った傷がもとで死んでしまいます。

④

⑤　　　　　　　　　　　　　　　　　　⑥

　子どもたちは，オオカミと戦うキツネに強く共感しながら，お話に引き込まれ，描いていきます。強そうなオオカミ。キツネにおそいかかろうとする構えや動き。その緊張感をFちゃんはいきいきと描いています。ところが，子どもたちは，思いがけないキツネの死に驚きます。Fちゃんは，そのキツネの死を悲しむヒヨコ，アヒル，ウサギに深く共感しながら描いています。

──● 指導のポイント ●──
　子どもたちが，いきいきとした感性と，確かな想像力をもってお話を描くには，素直な目と心でお話を受け止め，主人公に同化してお話の世界を体験することが大切です。

4歳児　お話絵巻　ブレーメンのおんがくたい

指導のねらい	『ブレーメンのおんがくたい』（グリム童話・瀬田貞二訳・H. E. フィッシャー絵，福音館書店）は，絵本の絵は見せないで，いくつかに区切って読み聞かせ，絵は，ブレーメンに向かう道を一本の線で連続させて描き，絵巻にします。 　このお話は，飼い主の家から逃げ出したロバが，好きな音楽隊をつくろうと犬，猫，おんどりといっしょにブレーメンに向かいます。日が暮れて，ドロボーの家を見つけ，ドロボーを追い出して幸せにくらすというお話です。 　子どもたちは，このロバと犬，猫，おんどりの不幸な境遇をとおして生まれた強い結束と互いに励まし合って行動するロバたちに強く共感し，胸をときめかせながらお話の世界を体験します。その共感やときめきの感情を描くエネルギー（意欲）にして取り組ませたいものです。 　4歳児は，描く図式が一定の形として確定する時期です。子どもが，お話を聞いて，何を思い，何を感じたか，感性の働きをとおして，獲得した図式で思うように描かせます。
指導のポイント	このお話の絵は，ブレーメンに向かう一本の道を画面に位置づけ，その上にお話のなりゆきを描いていきます。どんなことに共感し，胸をときめかせたかを手がかりに，そのものごとの関係を順に描いていくようにします。

準 備 する もの	画用紙（8つ切りの半分を横長につなぐ。薄い色2，3色の色画用紙）。エンピツ，サインペン，（えのぐ，色エンピツ）。（用具は先生が決める）

展開（流れ）	◇このお話の絵は，2，3回の活動に分けて，順を追って描きます。 　　（以下はお話の最初の場面の展開） ○「きょうのお話は，だれが，どうしたの？」と問いかけて話し合います。 　　だれが，だれと，どうしたか，動作やしぐさをまじえて話し合います。 ○きょうのお話を描きましょう。 　　"だれとだれが，どうしたか"子どもがつかみとり，感じとった主人公たちの関係を，動作やしぐさをくふうして描かせましょう。 　　（子どもが，どのように関係をイメージし，描こうとしているかを，一人ひとり確かめ，助言する）
描き終わって	○描けたという子から聞きとりをします。（記録する） ○絵を見て，それぞれの子の話を聞き，話し合いましょう。

2　お話を描く

　この絵は，お話を"ことのなりゆき"にそって描いていく絵巻の形式で描いています。
　重い荷物を毎日運び，働いてきたロバが，年老いて働けなくなると，飼い主は，えさをくれなくなりました。そこでロバは家を飛び出して，ブレーメンの町へいって，好きな音楽隊をつくろうと出かけます。家を出て，ブレーメンへ向かう途中に，ロバは同じように飼い主から追い出された犬，猫，おんどりに出会い，いっしょにブレーメンへ向かいます。

お話絵巻　ブレーメンのおんがくたい

①

②

　この絵は，ロバが町を出て，犬に出会い，猫やおんどりに出会い，互いの境遇に共感しながら，いっしょにブレーメンへ向かおうと話しているところを描いています。
　U君は，ロバや犬，猫，おんどりの飼い主に追い出されたときの悲しさやつらさに深く共感しながら，それぞれの出会いの場面を描いています。
　U君は，長く続く道を一本の線で描き，その上に，ロバと犬，猫，おんどりの出会いと行動を描いています。

●　**指導のポイント**　●

　お話絵巻というのは，"ことのなりゆき"（時間の流れ）にそって，そのできごとを順に描いていく絵です。絵巻というのは，時間の流れを空間に置き換えて描いていく絵です。子どもは時間の意識を，意外に早くから感覚的に身につけていますが，空間の意識は，ほとんどありません。そのため，「何が，どうなっていくか」という子どもの強い"興味"や"関心"で，その関係をとらえて描いていけば，空間をつくりだしていくことができるのです。

日が暮れて，ロバたちが，大きな木のまわりで休んでいるとき，家の明かりを見つけます。さっそく，みんなは，その家の明かりをめざしてでかけます。ところが，その家がドロボーたちの住み家であることを知って，ロバたちは，力を合わせてドロボーたちを追い出します。

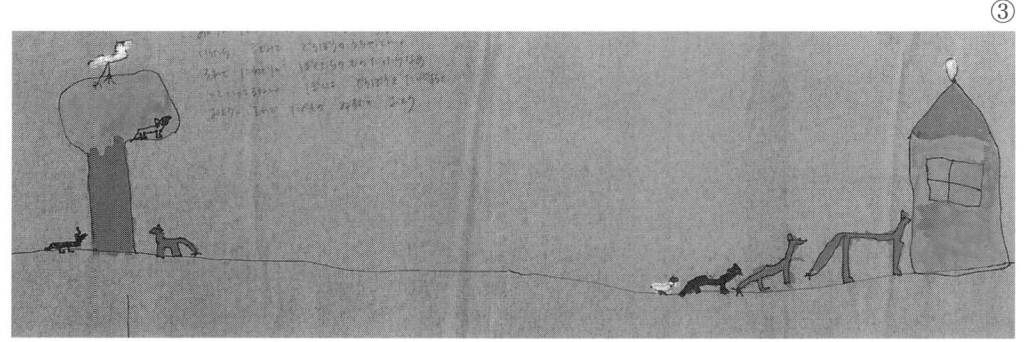

③

④

　この絵では，木の下と上で休んでいるロバたち，ドロボーの家をのぞいて見ているところ，驚かせてドロボーたちが逃げていったところ，ドロボーのひとりがようすを見にきて，再び追い返されるところを描いています。
　U君は，ロバが窓に足をかけ，その上に犬が乗り，そのまた上に猫とおんどりが乗って，一斉に鳴いて，ばけものに見せかけ驚かせる場面を，何度も紙をはって描き直し，くふうして描いています。U君は，その中で，ロバ，犬，猫，おんどりの大きい小さいの関係の大切さを発見し，それを正確につかんで描いています。

● 指導のポイント ●

　お話の語りを聞いて描く絵は，まず，主人公に同化し，同じ感情体験をします。その感情体験から生まれるイメージが，お話のほんとうのイメージです。自分で勝手につくりだしたようなイメージではありません。そこに指導のポイントがあります。
　お話を絵巻として描くとき，そこに登場する人や動物たちの関係が，どんなであったか（どこで，どのようにしていたか）をしっかりととらえられるようにすることです。そして，その位置や動き（表情，しぐさ）を描くことが大切です。

2　お話を描く

5歳児　お話絵巻　ひとりぼっちのつる

指導のねらい　　5歳児になると，一定の図式ができあがります。子どもが，お話を聞いて，何を感じ，考えたか，感情の働きをとおして，イメージをつくり，獲得した図式の描き方で描かせます。（絵は見せない）

　『ひとりぼっちのつる』（椋鳩十作・ゆり　あきら絵，「はぐるま」(3)，部落問題研究所）は，自然というきびしい環境の中で，やさしく支え合い生きるつるの心温まるお話です。わたしたちが忘れかけている，この支え合って生きる共同体の土台となる生き方を，幼い子どもであっても，大事にしていく意識や感性を獲得させたいものです。

　このお話は，群れからはぐれて，ひとりぼっちになった子どものつるの話です。子どもたちは，その子どもづるのさみしさ，つらさに深く共感しながら，胸をときめかせ，お話の世界を自らの体験として体験します。そのときめく感情をエネルギー（意欲）にしていきいきと描かせたいものです。

　子どもたちが，どんなことに共感し，胸をときめかせたかを大事にして話し合い，そのお話のなりゆきにそって順に描いていくようにします。

指導のポイント　　子どもたちが，つるの姿，形をよく知ることができるために，つるの写真や絵を見ることができるように部屋に用意しておきましょう。

　絵巻は，横長に右から左へ描いていきます。（左から右へでもいい）

準備するもの　　画用紙（8つ切りの半分を横長につなぐ。薄い色2，3色の色画用紙）。エンピツ，サインペン（えのぐ，色エンピツ）。（用具は先生が決める）

展開（流れ）　　◇このお話の絵は，3，4回の活動に分けて，順を追って描きます。
　　（以下はお話の最初の場面の展開）
○「きょうのお話は，だれが，どうしたの？」と問いかけて，だれが，だれと，どうしたか，動きやしぐさをまじえて話し合います。
○きょうのお話を描きましょう。
　　"だれとだれが，どうしたか"子どもがつかみとり，感じとったつるたちの関係を，動きやしぐさをくふうして描かせましょう。
　　（子どもの描いている画面のとり方に注意して，助言する）

描き終わって　　○描けたという子から聞きとりをします。（記録する）
○きょうの絵と次の絵のつながりと間かくを個別に話し合いましょう。
　　（どれくらい時間がたったかで間かくを決める）

この絵は，お話を"ことのなりゆき"にそって描いていく絵巻の形式で描いた連続している絵です。

　つるたちは，いつも家族でいます。そのつるのたくさんの群れの中に，ひとりぼっちの子どものつるがいました。えさ場に向かって飛んでいくとき，いつも一群れの家族のつるたちのあとからくっつくようにして飛んでいくのです。えさ場では，家族のつるたちに近づくと，大きな親づるから頭をつつかれ，追い払われるので，他のつるたちから離れたところでえさを食べています。そんなひとりぼっちのつるを，年とったキツネがねらっていました。

お話絵巻　ひとりぼっちのつる

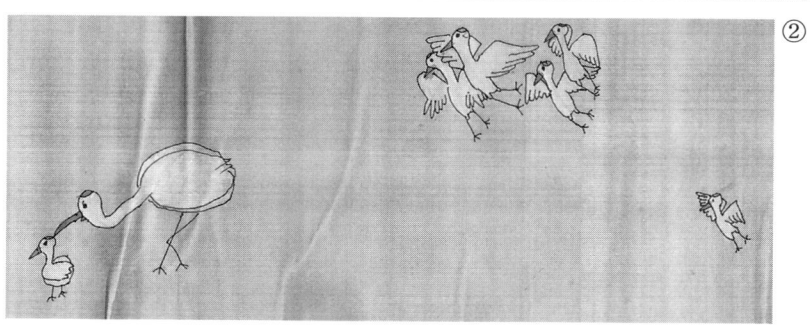

←①

②

③

　Kさんは，家族の群れとひとりぼっちのつるの関係に強く心を引かれ，そのなりゆきを，自分の日ごろの体験と重ね合わせ聞きとり，ひとりぼっちのさみしさ，悲しさに強く心を痛めていました。そして，絵には，ひとりぼっちのようすを画面の空間にしっかりと位置づけ描いています。

2　お話を描く

　他のつるたちから少し離れて，えさをついばんでいたひとりぼっちのつるが，ちょうど，タニシを見つけて駆け寄ったとき，キツネがとびかかってきました。あわてて逃げだしたつるを助けてくれたのは，近くの家族のおとうさんつるでした。
　こうして，ひとりぼっちのつるは，おとうさんつるの家族の仲間に入れてもらい，この一家の群れといっしょにねぐらに向かって飛んでいきました。

④

　Kさんは，ひとりぼっちのつるに起きたできごとに強く心を動かされ，痛そうな顔をしたり，「あっ　あぶない！」と小声でさけんだりして，聞き入っていました。おとうさんつるに助けられた場面では，ホッとした顔でお話を聞いていました。
　このような緊張する場面では，子どもたちのだれもが引きつけられます。Kさんは，このような場面を，一気に自分なりの描き方でどんどん描いていきました。
　最後の場面では，Kさんは，「よかったねー」とひとりごとをいいながら描いていました。
　お話の主人公，つるの動きを自分の感情と結び合わせ，心をそわせて描いていったKさんは，つる以外のものは描こうとしませんでした。そこに，Kさんの，つるの動きに心をそわせた，ひたむきな感情の働きがうかがえます。

● 指導のポイント ●

　子どもたちが，お話に深く共感して，主人公と同じ感情を体験することは，描くことへの重要なエネルギーとなります。このエネルギーの強さが，自分勝手な絵でない緊張感のある絵を生むのです。
　また，お話のような間接体験は，日常生活の中で体験できない感情を体験するという意味で，子どもたち自身の心（感覚，感情）の育ちにとって重要な位置をしめるものです。

5歳児　お話の絵　しまひきおに

指導のねらい	5歳児は，図式が多様化してくる時期です。子どもが，お話を聞いて，何を感じたか，その感情の働きでイメージをふくらませ，より多様な図式の世界を広げていくように，その描き方をくふうさせます。 　『しまひきおに』（山下明生作・梶尾俊夫絵，偕成社）は，ひとりぼっちの孤独なおにが，権力の傲慢さの中で苦しむ人々を助けようと力強く立ち向かうお話です。 　子どもたちは，ひとりぼっちというおにのさみしさ，つらさを，現実に味わう自分たちの生活感情と結び合わせてとらえ，おにの生き方（意志と行動）を体験します。 　おおむね，子どもたちの感動をよぶのは，村人のために島を引くおにの力強さとひたむきな姿です。この感情の高まりが絵を描く意欲につながるのです。その感情の高まりをいきいきとイメージ化し，描かせたいものです。
指導のポイント	子どもたちが，どんなことに共感し，胸をときめかせたかを大事にして話し合い，自分は，どんなところの，何を描きたいかを見つけさせます。 　自分勝手にお話をつくり変えたり，何を描くか，あいまいなままに描かないように，自分の描きたいこと（場面や情景）をしっかりつかませましょう。

準備するもの	画用紙（8つ切り。白または薄い色2，3色の色画用紙）。 エンピツ，サインペン（えのぐ，クレパス）。（用具は先生が決める）

展開（流れ）	○『しまひきおに』のお話を読み聞かせます。（絵は見せない） ○話し合い。 　「このおには，どんなおに？」「どんなところがよかった？」を話し合い，このお話の山場（主題を象徴する場面）にせまります。 　どんなふうにして島を引くかなど，動きやしぐさをまじえて話し合います。 ○描きたいと思うところを描きましょう。 　"おにがどこで，どうしたか"子どもがつかみとり，感じとったことをおにの動きやしぐさ，人と島，おにの大きさなど，くふうして描かせましょう。 　（とまどう子には，個別に，話し合い助言する）
描き終わって	○描けたという子から聞きとりをします。（記録する） ○みんなの描いた絵を見て話し合いましょう。 　（何人かの絵を取り上げて，その子の話をみんなで聞く）

2　お話を描く

お話の絵　しまひきおに

〈子どものつぶやき〉
おにがいっしょうけんめい，島，引っぱってるの。
おに，かわいそう
ひとりぼっちやから。

　この絵は，絵本のお話を聞いて，自分の一番心に残ったところを描いたものです。
　K君は，ひとりぼっちのおにのさみしさ，つらさに自分を重ね合わせ，深く同化しながら描いています。

お話の絵　しまひきおに

〈子どものつぶやき〉
力いっぱい，引っぱっているのに，ちょっとしか動かないの。

　この絵も，絵本の絵を見ないでお話だけ聞いて，イメージをつくり，描いたものです。J君も，お話に深く同化し，おにの思いや行動に心をそわせ，共感しながら島を引くおにの姿を描いています。

───● 指導のポイント ●───
　子どもは，ひとりぼっちのおにのさみしさ，つらさを，自分のさみしさ，つらさとして感じながら，その感性的世界を再体験していくのです。描くということは，常に，そのような感性的体験をともなっている活動であり，そこに意味があるのです。

	## 5歳児　お話の絵　かさじぞう
指導のねらい	"むかし，むかし"という語りからはじまる『かさじぞう』（瀬田貞二再話・赤羽末吉絵，福音館書店）は，どんなに貧しいくらしの中でも，人間らしいやさしさを失わずに，ひたむきに生きる"じっさま"が，雪のふる寒い道端の地蔵さまに，"おお，寒かろう"と大切な売り物のかさをかけて帰るという心温まるお話です。
指導のポイント	子どもたちは，だれもこの"じっさま"のやさしさに心引かれます。ほんとうは，この"じっさま"のやさしさは，だれもがもっている人間らしい心根ですが，時として，わたしたちは，それを忘れ，失いがちです。幼い子どもたちが，この"やさしさ"を深く感じとって，失うことのないように，じっくりと味わわせたいものです。 　5歳児は，多様な図式が描けるようになる時期です。子どもが，お話を聞いて，何を思い，何を感じたか，その感情の高まりの中で，イメージをふくらませ，より多様な描き方をくふうして描いていくようにさせたいものです。 　子どもたちが，どんな"じっさま"に共感し，何に心を動かされ，胸をときめかせたかを，じっくりと動作やしぐさをまじえて話し合い，自分は，どんなところの，何が描きたいか，自分の描きたいこと（場面や情景）をしっかりつかませて，その描き方をくふうさせます。

準備するもの	画用紙（8つ切り。冬空にふさわしい色2，3色の色画用紙にしたい）。エンピツ，サインペン（えのぐ，クレパス）。（用具は先生が決める）

展開（流れ）	○『かさじぞう』のお話を読み聞かせます。（絵は見せない） ○話し合い。 　「このじっさまは，どんなじっさま？」「どんなところがよかった？」などと問いかけて，それぞれが，どんな場面に感動したかを話し合います。そのときの情景や，"じっさま"の動きやしぐさも話し合います。 ○描きたいと思うところを描きましょう。 　描こうと思う場面や情景は子ども自身に決めさせて描かせます。 　（とまどう子には，個別に話し合い助言する）
描き終わって	○描けた子で，話したいことのある子から聞きとりをします。（記録する） ○みんなの描いた絵を見て話し合いましょう。 　（何人かの絵を取り上げて，その子の話をみんなで聞く）

2 お話を描く

お話の絵　かさじぞう

〈子どものつぶやき〉
雪ふってて，お地蔵さんに雪がつもってるの。
おじいさん，まだきてない。
"つめたいなぁー""さむいなぁー"って思ってるの。

　A君は，雪がふりつもっている中に立っているお地蔵さんに心をそわせて，お話を読みとり，描いています。雪が絶え間なくふってくる中に立っているお地蔵さんに自分を重ね合わせ，"冷たいだろうなぁー""寒いだろうなぁー"と感じ，それを描いているのです。

お話の絵　かさじぞう

〈子どものつぶやき〉
お地蔵さんが，おもちとか運んできた。ごはんだって，ちっとしかなかったし，おもちとか，"欲しい，欲しい"っていってたのが，もらえたから，よかった。

　Bさんは，おじいさんとおばあさんが，食べるものがなくて困っていたけれど，お地蔵さんたちが，食べものを運んできてくれたことが，わがことのようにうれしかったのです。
　お地蔵さんが運んできてくれた食べもののソリとおじいさん，おばあさんをていねいに描いています。

● 指導のポイント ●

　お話の絵は，何を，どのように描くかではなく，どんなところの，どんなことが自分の心に強く響いたかが何よりも大切です。子どもが，お話の中に深く入り込み，お話の内容に自分を重ね合わせて，心に響くものをしっかりつかむことが大切です。

5歳児　お話絵本　きつねのおきゃくさま

指導のねらい	『きつねのおきゃくさま』(あまんきみこ文・二俣英五郎絵・サンリード)は，子どもたちに絵は見せないで読み聞かせ，絵本の形式に描かせます。 　このお話は，腹黒いキツネと，それとは対照的に素直に相手を信頼するヒヨコ，アヒル，ウサギとの関わりをとおして，揺れるキツネの心の葛藤が語られ，最後にはヒヨコたちを守ろうとキツネがオオカミと戦うお話です。 　子どもたちは，このキツネとヒヨコたちの関わりが，どのように展開するのか結果を予測できないまま，子どもたち自身の生活や人間関係の中で体験する感情体験と結び合わせ，わがことのように喜んだり怒ったりしながらお話の世界を体験します。 　そして，子どもたちは，ヒヨコたちの純粋さ，素直さが信じられなくて監視しつづけるキツネに反発しながらも，キツネをけんめいに応援していきます。 　この子どもたちの感情の働きを描くエネルギーにして描かせたいものです。
指導のポイント	子どもたちがお話を聞いて，キツネとヒヨコたちの関わり合いをとおしてどんなことを感じたか，子どもたちそれぞれの感じ方で描かせます。 　中には，自分本位なとらえ方で，お話をつくり変えたり，関係のないものを描いたりするような子がいます。このような素直にお話の世界に入れない子どもに，改めてお話の内容にもどって読みとらせることが大切です。

準備するもの	画用紙（8つ切り。できれば3，4色の色画用紙）。 クレヨン，色エンピツ。

展開（流れ）	◇このお話の絵は，絵本の形式で，7つに区切って読み聞かせ，描かせます。 　（以下はお話の最初の場面の展開） ○「きょうのお話，キツネとヒヨコがどうしたの？」と問いかけて話し合います。（だれが，どうしたか，動作やしぐさをまじえて話し合う） ○きょう聞いたお話を描きましょう。 　「だれが，どうしたか」，感じとったキツネとヒヨコの関係を描かせます。 　　（どのように関係をイメージし，描こうとしているか，一人ひとり確かめて，助言する）
描き終わって	○描けたという子から聞きとりをします。（記録する） ○それぞれの絵を見て，どんなふうに描いているか話し合いましょう。

2　お話を描く

　このお話の絵は，一場面ごとにお話を聞いて，7つの場面の絵本形式に描いています。

　腹ぺこのキツネが一羽のヒヨコと出会います。キツネは食べてやろうと思いますが，太らせてから食べてやろうと考え，家に誘い，ごちそうを食べさせます。ヒヨコは，そんなキツネを"やさしいおにいちゃん"だと思い，アヒルやウサギを誘ってキツネの家につれてくるのです。

お話絵本　きつねのおきゃくさま

①　②
③　④

　この絵を描いたK君は，ヒヨコやアヒルを食べようと考えているキツネでありながら，ごちそうを食べさせてやる，やさしいおにいちゃんとしての側面と，そのヒヨコたちを監視するようなキツネを描いています。ヒヨコとの出会いから，ウサギとの出会いまで，それを監視するキツネをまじえて，その動きや表情をいきいきと描いています。

97

ある日，オオカミが山から下りてきて，ヒヨコやアヒル，ウサギを食べようとします。キツネは，ヒヨコやアヒル，ウサギを守ろうとして，オオカミと戦い，山へ追いかえします。
　ところが，その晩，キツネはオオカミと戦った傷がもとで死んでしまいます。

⑤

⑥

⑦

　子どもたちは，オオカミと戦うキツネに強く共感しながら，お話に引き込まれ，描いていきます。オオカミがキツネにおそいかかろうとする構えや動き。その緊張感をＫ君は描いています。そして，思いがけないキツネの死に驚きます。Ｋ君は，横たわるキツネ，それをぼうぜんと眺めるヒヨコ，アヒル，ウサギを悲しみをこめて描いています。

● 指導のポイント ●

　子どもたちは，お話を聞いて主人公に深く同化してその世界を体験します。そのときに大切なのは，子ども自身の素直な目と心であり，こまやかな感情の働きです。それが，いきいきとした想像力を生み，より深く，よりこまやかな感情とものを見る目を育てます。

2　お話を描く

5歳児　お話絵本　ことりとねこのものがたり

指導のねらい
　「あるちいさなまちに，ちいさなくろい"のらねこ"がいました」という語りからはじまる『ことりとねこのものがたり』（なかえよしお作・上野紀子絵，金の星社）は，高いところがこわくて，他のねこたちからばかにされ，仲間はずれにされていたねこが，死んでしまった小鳥のために高い木にのぼってはねを飛ばしてあげる，というお話で，"ほんとうの勇気というのは人のために何ができるかということではないか"と語りかけています。
　このような心温まる主題性をもったお話は，ぜひ，子どもたちに語って聞かせ，描かせたいものです。（絵は見せない）
　子どもたちはお話を聞くことをとおして，きっと，この"ねこ"に深く同化し，共感しながら心温まる感情体験を重ねていくことでしょう。
　ここでは，このお話を一枚の絵に描くのではなく，いくつかの場面（6つくらい）に区切って，絵本の形式で描かせます。
　お話を，区切ったところまで読み聞かせ，その場面を描いていきます。

指導のポイント
　ふつうのお話の絵のように，お話を聞いて，好きな場面を切りとって描くのではなく，お話の展開にそって6つくらいの場面にしぼって，「そこで，この"ねこ"が，どんな思いをしたのか」，それぞれの場面の緊張感をもつところを順に描いていきます。

準備するもの
画用紙（白）。
エンピツ（サインペンでもよい），色エンピツ。

展開（流れ）
○最初の場面
○「この"ねこ"は，なぜ，ばかにされ，仲間はずれにされたのかな？」と問いかけて，この場面での"ねこ"の気持ちとそのようすを話し合います。
　（ねこの心情を確かに読み取らせる）
・「どんな町？」「どんな木？」「どんなねこたちがいた？」などイメージをつくる土台となるものを話し合って，確かめます。
○きょうのお話のようすを描きましょう。
　（何を使って線描きをさせるか，先生が決める）
　子どもの描ける描き方で描かせます。
　色エンピツで色をぬりましょう。

描き終わって
○描いた絵（聞きとりをしておく）を，見せ合って，話し合いましょう。

このお話の絵は，話の流れを6つの場面に区切って，それぞれの場面を描いています。

　このお話は，高いところに登るのがこわくてしかたがなくて，まわりの猫からいつもばかにされ，仲間はずれにされていた一匹の猫のお話です。その猫が唯一，何でも話せるのは，カゴに飼われている小鳥でした。ある日，外の世界に憧れる小鳥を，猫が外へはなしてやるのです。

お話絵本　ことりとねこのものがたり

①

　この絵は，主人公の猫が仲間の猫にからかわれて泣いている場面を描いています。
　Tさんは，"できへんかったら，仲間に入れてもらえへん"とつぶやきながら，猫の悲しそうなようすを描いています。

②

　この絵は，小鳥が猫のおかげで高い空を飛んでいる場面を描いています。
　Tさんは小鳥が広い青空にでられたことを"わたしもうれしいなぁーって思う"とつぶやきながら，大きくて広い青空を描いています。

2 お話を描く

　逃がしてもらった小鳥は，猫のことを思い，帰ってきます。それを見ていた他の猫は，また猫を責めます。その翌日，猫が小鳥に会いにいくと，小鳥はカゴの中で死んでいました。

③

　この絵は，カゴの中の小鳥と話している猫の場面を描いています。
　Tさんは，「小鳥と猫は，何でもお話しできてふしぎやなぁー。わたしはできひんのに……」とつぶやきながら，この場面の小鳥と猫の交流のようすを素直にとらえ，描いています。

④

　この絵は，猫が小鳥に会いにきた場面です。しかし，小鳥はその後，カゴの中で死んでしまいます。
　Tさんは，この場面があまりにも悲しくて，死んでいる小鳥を描くことができませんでした。死んでいく小鳥と話しているような場面にして描きました。

猫は，小鳥の飼い主に疑われながらも，もう一度空を飛びたがっていた小鳥のはねを一枚くわえ，怖くて登れなかった木に登り，くわえてきた小鳥のはねを大空に飛ばし，小鳥の願いをかなえてあげようとするのです。

⑤

　この絵は，小鳥のはねをくわえてきた猫が，こわくてしかたのない高い木に登ろうと，木に向かって走っていく場面を描いています。
　Tさんは，「小鳥さんの願いをかなえてあげたいから，はね，くわえて走ったの。悲しい気持ちで走ったの」とつぶやいています。Tさんは，このときの猫の行動のすばらしさに強く感動し，ひたむきに描きました。

⑥

　この絵は，高い木に登り，小鳥のはねを空に飛ばしてあげた場面を描いています。
　Tさんは，「木のてっぺんに登って，はねが空に飛んでいるところ描きたい」といいながら描きました。猫の表情に晴れやかさが感じられます。

3 観察して描く

| 3歳児　いちごを描く |

指導のねらい　　3歳児は，ほとんど見て描くことができません。しかし，見て描くことができないから，観察して描く絵は意味がないのではありません。大切なのは，子どもたちが大好きなもの，一番興味を引かれるものを取り上げて，改めて対象と向き合わせ，観察することです。

　観察するというのは，ただたんに対象を見ることではなく，触ってみるとか，かいでみるとかすることです。人がものをとらえるときは，たんに見るという視覚の働きだけでなく，触覚や嗅覚などの感覚も働かせ，総合してとらえているのです。いま，子どもたちの，このようなもののとらえ方が大変弱くなっています。

　子どもたちが，うまく対象をとらえて描くことができなくても，対象と向き合い，観察することで，これまで気づくことのなかった対象のもつ特徴や性質を発見したり，そのふしぎさに感動したりすることはできます。

　3歳児の観察して描く絵は，ここに視点を当てて指導したいものです。

指導のポイント　　3歳児の観察して描く絵は，それぞれの子どもが，発見したり，驚いたりしたことに集中して，話し合い，それを描かせるようにします。そのために，"いちご"のような，子どもたちが興味を引かれるような対象を選び，感覚をいきいきと働かせて取り組むような働きかけやことばかけが大切です。

準備するもの　　画用紙（8つ切りの4分の1がよい）。
　　　　　　　　クレヨン（色エンピツを使ってもよい）。

展開（流れ）　　○「きょうは，このおいしそうないちご，食べたらなくなってしまうから，描いて残しておこうね」ともちかけて，"いちご"の観察をしましょう。
　　（自分のいちごを白い紙の上に置いて，観察する）
　　どのようにして，大きくなってきたか話し合います。
・見る：形は？（どこが，どのようになっている？）。色は？（何色）。
・触る：指先で，そうっと触ってみましょう。（全体を指先で触らせる）
・かぐ：どんな匂い？。
○いちごを描きましょう。
　子どもそれぞれの描ける描き方で，描かせましょう。（形にこだわらない）

描き終わって　　○描けた絵を展示して，みんなで話し合います。（聞きとりもしておく）

いちご

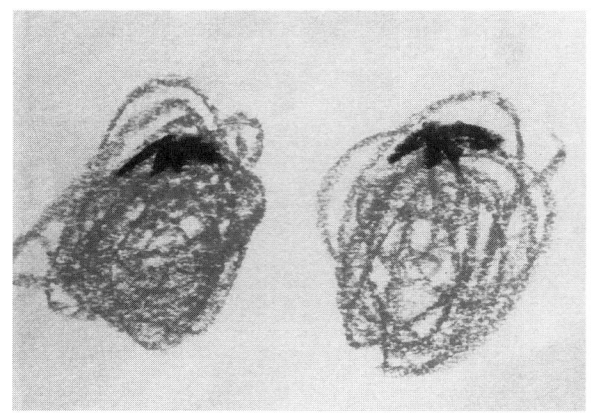

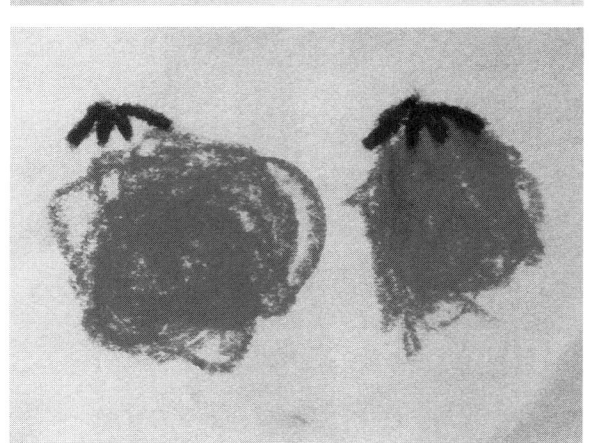

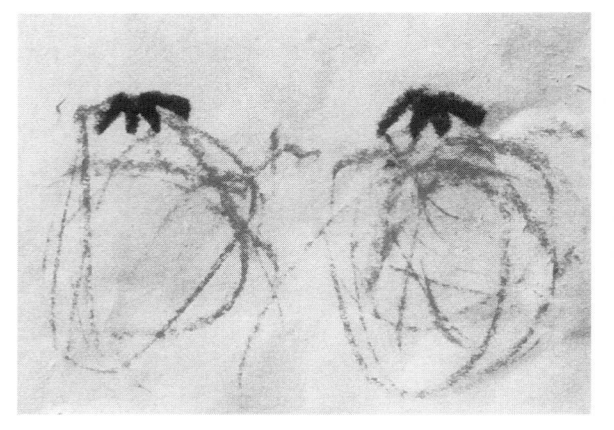

〈子どものつぶやき〉
大きな大きないちごだよー。
いい におい。
描いたいちごも，おいしいよ。
おかあさん，このいちご（絵）見たら，
おいしそうっていうかなー。

　子どもたちは，園庭のプランターに植えているいちごを，4月の入園以来，毎日のように見守り，その育ちのようすを観察してきました。
　白い花が咲き，小さな緑のいちごが実りはじめたころ，「わぁー赤ちゃんのいちごだ」「ちっちゃくて，かわいいね」「このいちご，食べられるのかな」などと口ぐちに話しながら，いちごの育ちを楽しんでいました。
　上の絵は，赤く実ったいちごを「食べたらなくなってしまうから，描いて残しておこうね。どんなイチゴを食べたのか，おうちの人におしえてあげようね」ともちかけて描いた絵です。
　子どもたちは「あまーい匂いがするよ」「小さいブツブツが，いっぱいついているよ」「緑のところもあるよ」と匂いをかいだり，触ってみたりして，発見したことをいろいろ話し合って描きました。

● 指導のポイント ●
　子どもたちの"おいしそう"という味覚の期待感に支えられた観察が大切です。この感覚的なものが対象に向かっていく目を鋭くし，描く意欲を高めるのです。

3 観察して描く

3歳児　ひがんばなを描く

指導のねらい	3歳児の観察して描く絵は，何を取り上げ，どのように観察させるかが大切です。そのために，子どもたちが大好きなもの，一番興味を引かれるものを取り上げて，改めて対象と向き合わせ，観察させます。 　観察するというのは，ただ一面的に対象を見ることではなく，いろいろな視点から見てみることです。そして，触ってみるとか，かいでみるとかするのです。ものをとらえるというときに，対象を見る視点を移動させて見ることも大切です。そして，その上に，触覚や嗅覚などの感覚も働かせ，総合してとらえていくのです。いま，子どもたちの，このようなもののとらえ方が一方的で単純なとらえ方になっています。 　子どもたちは，的確に対象をとらえ，描くことができなくても，対象をいろいろな視点から観察することで，その特徴や性質を発見したり，その美しさに感動したりすることができるのです。
指導のポイント	3歳児の観察して描く絵では，対象を見ながら話し合って，それぞれの子どもが，自分なりに気づいたことや発見したことを描かせます。そのために，"ひがんばな"のような，子どもたちが美しいと感じたものに集中して描かせる手立てが必要です。"ひがんばな"の茎の部分を先生が描き与え，その上に，自分のとらえた花びらのようすを思うように描かせましょう。

準備するもの	画用紙（8つ切りを縦長に4分の1に切ったものを用意する）。 クレヨン（エンピツを使ってもよい）。
展開（流れ）	○「きょうは，このきれいな"ひがんばな"を描きましょう」ともちかけて，"ひがんばな"の観察をします。 　（自分のとってきたひがんばなを立てかけて，観察する） ・どのようにして咲いたのか（茎の伸び方，花の咲き方）を話し合います。 ・花の形は？（どのようになっている？）。色は？（何色）。 ・花びらを指先で，そうっと触ってみましょう。・匂いもかいでみましょう。 ○ひがんばなを描きましょう。 　（先生が黄緑のクレヨンで茎を描いておいて，その上に花を描かせる） 　子どもそれぞれの描ける描き方で，描かせましょう。（形にこだわらない）
描き終わって	○描いた絵を展示して，みんなで話し合います。（聞きとりもしておく）

ひがんばな

　近くの田んぼで見つけたひがんばなを「きれいねー」とつぶやいた子どものことばから，ひがんばなを描くことになりました。

　しかし，子どもたちには，このひがんばなは描けそうにもありません。そこで，この絵を描くにあたって，ひがんばなが，太いがっちりとした茎に支えられて咲いていることから，縦長の画用紙を用意し，ひがんばなの茎となる線を，先生が１本描いておきました。子どもたちが赤い花びらの美しい線に集中して描いていけるようにしたのです。それが上の絵です。

　子どもたちは，花びらの赤い線のからまりを「ぐにゃぐにゃまがっている」「おどってるみたい」などといいながら，花の赤いからまりの美しさを描いていました。

―● 指導のポイント ●―
　ものを見て描くときの３歳児は，まだ十分に描く力はありません。"ひがんばな"のような花を描くときは，子どもたちの目を花に集中させるために，茎は先生が描き与え，その上に花のようすを描くように扱います。

3 観察して描く

4歳児　いねの穂を描く

指導のねらい	4歳児が観察して描く絵は，子どもたちが，強く興味を引かれたものを取り上げて，改めて対象と向き合わせ，じっくりと観察させます。 　観察というのは，興味をもって対象と向き合うことからはじまります。 　美しいとか，おもしろいとかいうような強い感覚的な感情の働きがなければなりません。それが，知覚の世界を広げる科学的な目につながっていくのです。"いねの穂"がどのようについているのか，茎や葉はどうなっているのか，それぞれが発見したり，気づいたことを子どもたち相互の話し合いをとおして，確認し合い，そのものの知覚を深めさせていきます。そのために，子どもたちは見ることだけでなく，触ってみるとか，かいでみるという感覚を働かせて，対象をとらえさせたいものです。
指導のポイント	"いねの穂"の観察は，科学の認識につながっていく活動です。 　子どもたちが，感覚を駆使した観察をとおして，発見したり，気づいたりしたことを，子ども同士で伝え合い，それを自分の発見や気づきにして，ていねいに描かせたいものです。

準備するもの	画用紙（8つ切りを半分にした縦長の画用紙を用意する）。 サインペン（色エンピツを使ってもよい）。

展開（流れ）	○「きょうは，この"いねの穂"を描きましょう」ともちかけて，"稲の穂"の観察をします。 　（2人で1本の"いねの穂"を真ん中に置いて観察する） ・いねの穂のつき方とお米（もみ）を見て，触って話し合います。 　（形はどんなになっている？）（色は何色？）（触った感じは？） ・いねの茎や葉っぱを見て，触って話し合います。 　（形はどんなになっている？）（色は何色？）（触った感じは？） ○いねの穂を描きましょう。 　（自分が気づいたこと，発見したことを描かせる） 　形は，子どもの描ける描き方で，描かせましょう。 　（描き直しは，できるだけ保証してあげる）
描き終わって	○描いた絵を展示して，どんな発見があったかを，みんなで話し合います。 　（聞きとりをしておく）

いねの穂

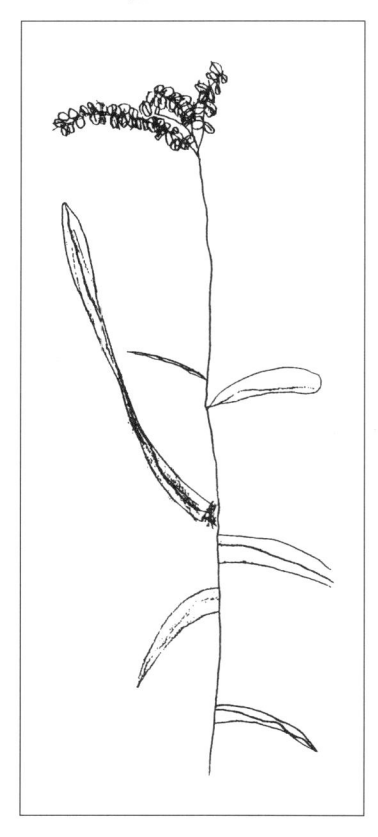

〈描くきっかけ〉

10月，園の畑へおいも掘りにいきました。歩いていく途中に，近くの田んぼに小麦色に光る稲穂を見て，「きれいだね。これ，お米になるねんで」と子どもたちはお米のようすをいろいろ話し合っていました。

それから数日後「先生，幼稚園にもお米あるで」とAさんがいいました。(園庭の一部に，5歳児が植えた稲があります) その声で，先に歩いていた子たちもかけ寄り「ほんまやー」「この前，畑にいったときにあったお米といっしょなん？」と興味しんしんでした。

「この稲，描いてみようか」というと，子どもたちは大乗り気です。

2人で1本の稲を見ることからはじめました。「お米って，いっぱいついてるなー」「お米，よく見たら，ひげが生えてるでー」「まん中にすじがあるでー」「葉っぱ，長くて細いんやな」「葉っぱにも，すじ，はいってるで」などなど，子どもたちは，観察をとおして発見したことを友だちに伝え，子ども同士で確認し合っていました。

上の絵は，部分的にあいまいになっているところもありますが，それぞれ，その子が関心を向けてとらえたことを，ていねいに描いています。

絵を描いたあと，子どもたちの絵を展示して，みんなで，その絵を見て話し合いました。「H君の絵は，ほんものみたいや」「葉っぱの下の方は，緑やのに，上の方は黄色になってるで」「Y君の葉っぱは虫くいで穴が開いてたんやな」「お米がいっぱいついてて重いから，みんなの稲がまがってるんやなー」と，友だちの絵を見ることで，改めて発見している子もいました。

● 指導のポイント ●

子どもは，描くという行為をとおして観察を深めます。そこに欠かせないのが，話し合いです。話し合いをとおして，ひとりの子の発見を，みんなの発見にしていくのです。

3 観察して描く

4歳児　"なすびの木"と葉っぱを描く

指導のねらい	春野菜が園児の手でよく栽培されます。子どもたちは，直接的にその栽培に関わっているため，描くことに強く興味を引かれます。ここでは，栽培が終わって抜きとった"なすびの木"を観察することからはじめます。 　子どもたちのすごいとか，おもしろいとか，きれいというような"もの"にたいする感覚や感情の働きは，このような栽培活動の中から生まれるのです。 　その感情の働きをよりどころにして，改めて"なすびの木"という対象を見たり，触ったりする観察をはじめるのです。そこから，ほんとうのいきいきとした子どもたちの描く活動が生まれるのです。
指導のポイント	抜きとったなすびは，全体が複雑で，とりとめのないような姿形をしているものです。したがって，その構造をしっかりとつかませることが描くためのポイントです。"なすびの木"全体の大きさやしくみを調べたり，葉っぱや実のつき方を話し合って確かめ，その上で，それぞれの感覚でとらえたものをていねいに描かせます。

準備するもの	画用紙（8つ切り。白または薄い色の色画用紙）。 サインペン，クレパス（えのぐを使ってもよい）。

展開（流れ）	○「きょうは，この"なすびの茎と葉っぱ"を描きましょう」ともちかけて，"なすびの茎と葉っぱ"の観察をします。 　（白い紙の上になすびの木を置いて，みんなで観察する） ・このなすびの木はどのように育ってきたかを，思いだして話し合います。 　（小さかったころ。なすびの実がなるころ） ・なすびの木の茎や葉っぱを見て，触って話し合います。 　（茎の長さは？）（葉っぱの形は？）（色は何色？）（触った感じは？） ○抜きとったなすびの木を描きましょう。 　（自分が気づいたこと，発見したことを描かせる） 　形は，子どもの描ける描き方で，描かせましょう。 　実物とくらべながら，色を確かめ，ぬらせます。（試しぬりをする）（描き直しは保証してあげる）
描き終わって	○描いた絵を展示して，どんな発見をして，描いているかを，みんなで話し合います。（聞きとりをしておく）

なすびの茎と根

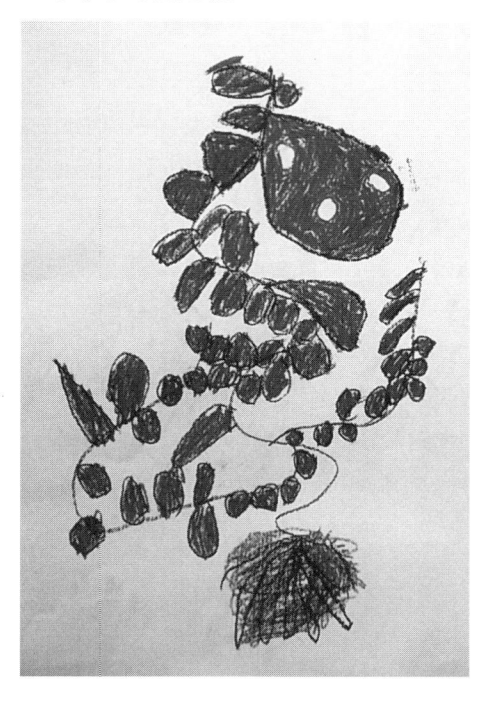

〈描くきっかけ〉

5月、なす、きゅうり、とうもろこしの苗を買ってきて園庭の畑に植えました。葉っぱが大きくなり、背丈がのびて、花が咲き、実が育っていくようすを観察しながら、収穫をすませました。

9月、秋の苗植えに向けて、畑の"なすの木"を抜き、そのようすを観察しました。

引き抜いてきた"なすびの木"を白いもぞう紙の上にのせて、そのようすを観察しました。「根っこが、もじゃもじゃになってる」「葉っぱがたくさんついてる。描けるかな?」「茎がうーんとのびて、長くて描けないでー」などと描くことに、とまどっていました。

H君は、葉っぱを描きながら「あっ、穴あいてる。虫くいや」といいながら、穴のあいた葉っぱを描きました。

枝まめ

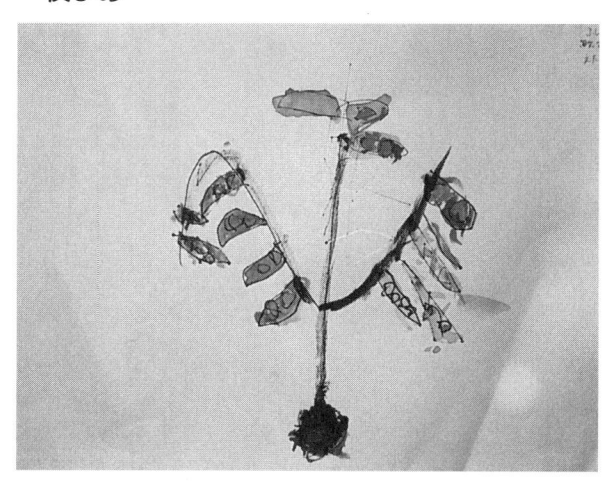

〈描くきっかけ〉

7月、七夕の集いにいろいろな夏野菜をお供えします。枝まめもそのひとつでした。

七夕の集いが終わったあと、「この枝まめ、描いてみよう」ともちかけて、観察をはじめました。

T君は、最初、枝まめのまめの部分を、枝の上下、左右に、描きました。「あれ、こんなふうに、まめはついてるのかな?」というと、T君は、改めて枝まめを見にいきました。

そして、「あっ、ちがうわ。上にはついてへん。下向きになってるんや」と、枝につくまめのつき方に気づいて描き直しました。

● 指導のポイント ●

描こうとする対象に向き合ったとき、何よりも大切なのは、子どもの驚きや発見です。

3　観察して描く

5歳児　どくだみを描く

指導のねらい	野草を観察し，描く活動は，ぜひ，取り上げたい題材です。観察をとおして，野草の美しさとたくましさを発見し，自然の生命というもののもつ力強さと美しさを，子どもなりに実感させたいからです。
	5歳児は，おおむね，ものの形が形らしく描けるようになります。見たものを見たもののように正確に描くことはできませんが，対象と向き合ったときに生まれる驚きや"美しいなー"と思う感情の働きがあれば，子どもは，意外に対象に集中して描いていくものです。
	この題材は，子どもたちがより深く対象に集中して取り組むために，"どくだみで布を染める"前段の記録として描くということを動機にして，よりいきいきと感覚や感情を働かせ，観察して，描いていくようにさせます。
指導のポイント	どくだみを描く活動では，子どもたちが，集中して対象を観察していくために，どくだみそのものを"きれい"とか"かわいい"という子どもたちそれぞれの感情の働きを大事にします。そして，それを対象に向かう意欲にして観察し，描くことです。そこからほんとうの美しさが発見されるのです。

準備するもの	画用紙（8つ切りの4分の1。薄いグレーかブルーの色画用紙）。エンピツ，サインペン，えのぐ（固形えのぐ8色）。

展開（流れ）	○「採取してきたどくだみに，どんな花がついてる？」と問いかけて，観察をはじめます。
	花のしくみを見て確かめます。葉っぱの形や色を見て確かめます。
	「どくだみの，どんなところが好き？」
	（観察のあとで，自分が美しいと感じたのは，何だったのかを確かめる）
	○どくだみを描きましょう。
	・茎から描きましょう。（その茎についている葉，花を描く）
	線描きをします。
	・色をつくってぬりましょう。（茎の色。葉の色。花の色）
	試し紙に，つくった色をぬってみて，その色でいいか確かめます。
描き終わって	○描けた子から聞きとりをします。
	・どこがよく描けたか。どこがうまくいかなかったか。
	○描いた絵を展示して，どんな発見をしているか，話し合いましょう。

どくだみ

　5月，園庭に生えている"どくだみ"で，布を染めることになりました。
　上の絵は，布を染める前に，「どんな草花で染めたか，わからなくなるから，絵に描いておこうね」ともちかけて，子どもたちが2人で，花の咲いているどくだみを1本採取してきて，それを見ながら描いたものです。
　子どもたちは，そのどくだみを見ながら，茎の色が途中で変わっていること，葉の形がハートのような形をしていること，花びらの数が，どれも4枚であることを発見していました。

くり

　上の絵は，ひとりの子がもってきた，くりのイガのついたひと枝を描いたものです。子どもたちは，はじめは，イガの鋭いハリに触って楽しんでいましたが，絵に描く段階で，イガのハリを描くのと，くりの葉や枝，イガの色づくりにも苦労していました。

● 指導のポイント ●
　子どもは，こうした観察をとおして発見することで，対象をより深く見，より確かに描いていく意欲とエネルギーを生みだしていくのです。

3 観察して描く

5歳児 くわの葉っぱを描く

指導のねらい	ここでは、"くわの葉で布染めをする"という活動とからめて、その葉っぱを観察し、描く活動を組み立てます。 　この"くわの葉を描く"という活動は、自然の木々のたくましさを、より深く観察することをとおして、自然の生命というもののもつ力強さと美しさを、子どもなりに感じとるような活動として展開したいものです。 　5歳児になると、おおむね、ものの形が形らしく描けるようになります。見たものを見たもののように正確に描くことはできませんが、対象と向き合ったときに生まれる驚きや"美しいなー"と思う感情の働きが、描く活動に向かう意欲となって、子どもたちは、意外に根気よく描いていくものです。 　この題材では、子どもたちが、これまで何げなく見てきたくわの葉の形や色を、より深く見つめ観察することで、それぞれが、自分なりにとらえたものを、こまやかに描いていくようにしたいものです。
指導のポイント	子どもたちにとって、見ること（観察）と描くことには大きな開きがあります。くわの葉の観察と描く活動では、観察をとおして発見したことが、正確に描くことに結びつくように、くふうして描かせます。

準備するもの	画用紙（8つ切りの4分の1。白）。 コンテ、サインペン、えのぐ（固形えのぐ6色）。

展開（流れ）	○「くわの木の葉は、どんな形してる？」と問いかけて、観察をはじめます。 ・葉っぱの形や仕組みを確かめます。（輪郭の線。葉脈の線） ・葉の上に薄いざら紙をのせて、コンテで"こすり出し"をします。 ・「どこが、どんな色してる？」葉っぱの色を確かめます。 　（同じ緑でも、場所によって少しずつ色がちがうことを見つける） ・自分が美しいと感じたのは、どんな色だったのかを確かめます。 ○くわの葉を描きましょう。 ・形を線描きをします。（中心の葉脈から描く） ・色をつくってぬりましょう。（葉の色） 　試し紙に、つくった色をぬってみて、その色でいいか確かめます。
描き終わって	○描けた子から聞きとりをします。（どこがよく描けたか） ○描いた絵を展示して、どんな色の発見をしているか、話し合いましょう。

くわの葉っぱ

　これら3点の絵は，園庭のくわの木から自分の好きな葉っぱを取ってきて，それを見ながら描いたものです。
　画用紙の横に，実物の葉っぱを置いて，その葉っぱの観察からはじめます。「葉っぱのまわり，ぎざぎざになってね」「ぼくの葉っぱ，虫くいで穴があいているよ」「お水のとおっていく線（葉脈），太くてたくさんあるね」などと，それぞれが見つけたことを話します。
　ほかの子どもたちは，その発見を聞いて，改めて，自分の葉っぱに目をそそぎ，そのことを確かめていました。
　色をぬる段階では，「ちょっと違うな。まだ，うすいなぁ」などといいながら，自分の納得のいく色をつくろうと苦労していました。

● **指導のポイント** ●

・えのぐは，固形のえのぐ6色（赤，青，黄，白，黒，茶）をセットにして使います。
・3，4人をひとグループにして，相談したり，見せ合ったりさせます。
・混色は，子どもたちでします。葉っぱに近い緑の色を，どのようにしてつくるか，わからない子は，できた子に教えてもらいます。
・試し紙を用意して，ぬってみて，確かめます。

3　観察して描く

5歳児　かきを描く

指導のねらい	ここでは，実をつけたかきのひと枝を見て，観察し，描きます。 　ほとんどの子どもたちは，すでにかきの実のおいしさを味わい知っています。その味覚の実感を対象に向かうきっかけにして，よりきめこまかに観察し，自然というものの美しさや味わいのすばらしさを，子どもなりに感じとるような活動として展開したいものです。 　5歳児になると，おおむね，ものの形が形らしく描けるようになります。見たものを見たもののように正確に描くことはできませんが，感じとり，知覚したものは正確にとらえています。ところが，その知覚の正確さは，対象と向き合ったときに生まれる"おいしそう"とか，"美しいなー"というような感覚や感情の働きに支えられて生まれるのです。 　かきの枝や葉っぱ，実の形や色を，その感覚や感情の働きを支えにして，子どもたち自身が，より深く見つめ，観察することで，自分なりに，とらえたものをいきいきと描かせたいものです。
指導のポイント	子どもたちには，目には見えても，そのように描けないという，見えることと描けることの大きなへだたりがあります。ここでは，観察をとおして自分が発見し，とらえたことを，自分なりの表し方，描き方で描かせます。

準備するもの	画用紙（8つ切りの4分の1。白）。 サインペン，えのぐ（固形えのぐ8色）。

展開（流れ）	○「このかき，描いてみようか？」ともちかけて，観察をはじめます。 ・葉っぱの形や仕組みを確かめます。葉っぱの色を確かめます。 ・かきの実の形や仕組みを確かめます。かきの実の色を確かめます。 　（同じ色でも，場所によって少しずつ色がちがうことを見つける） ・自分が美しいと感じたのは，どんな色だったのかを確かめます。 ○かきの実と葉っぱを描きましょう。 ・形の線描きをします。（枝から葉へ，枝から実へのつながりに気をつける） ・色をつくってぬりましょう。（葉の色。実の色） 　試し紙に，つくった色をぬってみて，その色でいいか確かめます。
描き終わって	○描けた子から聞きとりをします。（どこがよく描けたか） ○描いた絵を展示して，どんな色の発見をしているか，話し合いましょう。

かき

◀Aさんのかきの絵

園庭に大きなかきの木があります。子どもたちは，新芽が出て，新緑の葉となり，紅葉して落ちていったかきの葉，花が咲き，小さな実から大きな実になっていくかきの実の姿を毎日見ながらくらしています。

11月，赤く熟したかきの実を，園では，皮をむいて干しがきにします。この絵は，その干しがきにする前のかきを描いたものです。

◀Bさんのかきの絵

Aさんは，枝から出ている実と葉の形を描くのに苦心しています。少し時間がたって，しなびかけた実とよじれた葉の形をよく見て，そのもののように描こうとしたのです。

AさんもBさんも葉の色は明るい緑ではなく，沈んだ緑で描き，実の色も，手元にあるかきの実の色をつくるのに苦心しています。色を混ぜてつくり，何度も試しぬりをして色をつくっていました。

● 指導のポイント ●

かきのような複雑な色あいをもつものを描くとき，一番重要なのは，"色つくり"です。混色の指導は5歳児でも大変ですが，試し紙を用意して，そこに，混ぜ合わせてつくった色をぬらせます。そして，描く対象とくらべながら，根気よく，対象物に近い色をつくる努力をさせることです。

3　観察して描く

5歳児　野草図鑑をつくる

指導のねらい

　野草図鑑をつくる活動は，野草を採集して，押し花にすることからはじめます。そして，採取してきた野草がどんな野草なのかを調べます。こうして，調べた野草の押し花を見て描き，1冊の本にします。

　野草の採集から押し花，図鑑調べ，そして，見て描くという活動全体を，観察する活動として押さえます。この観察の活動をとおして，子どもたちに野草の美しさとたくましさを発見させ，自然の生命というもののもつ力強さと美しさを，子どもなりに実感させたいものです。

　5歳児には，ものの形を形として描く描き方は，図式としてありますが，ものの形を見たように描くことはできません。野草図鑑づくりという野草の採集から押し花，図鑑調べの一連の活動は，野草と関わることによって生まれる感覚や感情の働きを支えにした知的世界の拡充です。子どもたちは，その知的世界に支えられて，描く力を充実させていくのです。

指導のポイント

　どう描く力を獲得させるか。子どもたちが目にする野草は，さまざまな形と広がりをもって生えていて，それを見て描くのは大変困難なしごとです。ここでは，押し花にして平面化し，それを見て描くことで，野草そのものの形や特徴を描けるようにします。

準備するもの

画用紙（8つ切りの4分の1。白）。
エンピツ，サインペン，えのぐ（固形えのぐ8色）。

展開（流れ）

○「押し花にした野草は，どんな野草？」と問いかけて観察からはじめます。
・各自が採取した押し花の茎や葉，花のようすを観察します。
　（調べたことをもとにして，形や特徴を見る）
○押し花にした野草を見て描きましょう。
・各自が採取した押し花を描きます。（1，2枚の押し花を描く）
・自信のない子は，えんぴつで下描きをしてからペンで描きます。
・色をぬるときは，実際の野草を見て，色をつくり，描きます。

描き終わって

○描けたら，押し花と見くらべて，感想を話します。
　描けたら，とじます。

◇このように描く活動と押し花をセットにして，一冊の本にまとめます。

なずなの押し花と絵

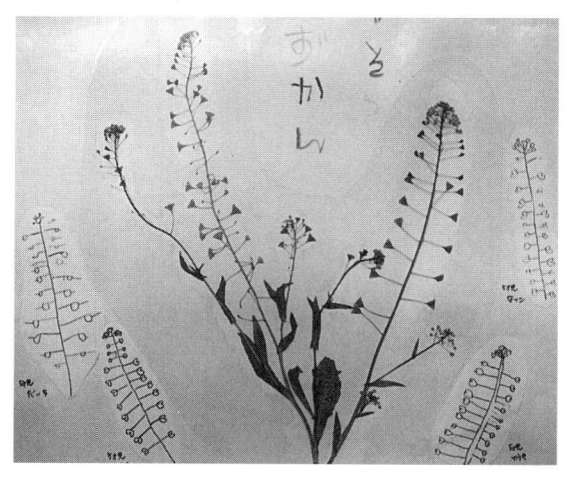

〈子どものつぶやき〉
"なずな"って，一番上に花がいっぱいあるねん。
ちっちゃくてかわいい。
きみどりがいっぱいで，白がちっとある。
なずなの葉っぱでシャカシャカできる。
なずなの葉っぱの皮むいたら，シャカシャカ鳴るの。
頭にかざったりする。
なずな，ぺっちゃんこにして押し花してん。
なずなって，おかあさんがペンペン草っていうてた。

野草図鑑づくりは，園の近くに生えている野草を，子どもたちが採取してきて，図鑑で調べる活動からはじまりました。

よく似た花でも，葉っぱのちがう野草があります。花の名前と花の咲く時期，どこから取ってきたか，食べられるのか，薬草になるのか，などを図鑑で調べます。そして，採取した野草を押し花にし，それを見て描いて，1冊の本にします。子どもたちは，観察をとおして，花や葉の色や形，匂い，茎の太さや長さなど，どれもみなちがい，同じものはひとつもないし，花の咲く季節も場所もみなちがうことを発見していきました。

ゆきざさの押し花と絵

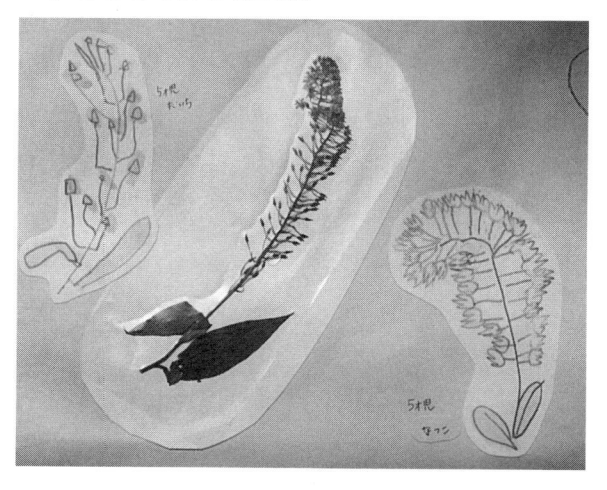

かたばみの絵

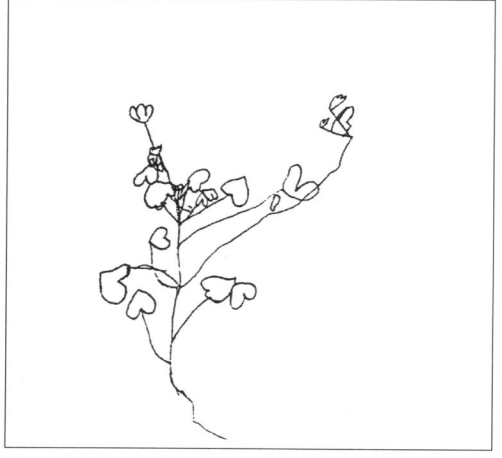

● **指導のポイント** ●

描く対象を見て描く場合，5歳児でも，もののもつ形の複雑さは，まだ十分にとらえて描くことができません。図鑑にするためにした押し花は，もののもつ形を平面化することになり，その平面化された形を見て描くのは，5歳児でも容易にできます。

3　観察して描く

■ 色の指導〈指導の基本的なとらえ方・扱い方〉■

| 指導のねらい | 　　子どもたちには，それぞれ，色の好みがあります。子どもは，0歳の乳児期から，どのようにして色の好みをもつようになるのでしょうか。0歳の乳児は，確かに鋭い感覚でものごとと関わって生きています。しかし，色に関しては，当初の期間は，さほど重要なものではありません。生きるという"生活"の広がりや深さが，色への関心を深め，子ども自身の感覚や感情と結びついた色の世界（好み）をつくりだしていくのです。
　　実際に，それまでは，おかあさん（最も深く関わる養育者）との交流の中で結ばれる"一体感的感情"の生活の中で，おかあさんの色の好みが，そのまま，子どもの色の好みになっていることが多いのです。いわば，借りものの色の好みなのです。
　　そのために，自分自身の生活の感覚や感情と結びついた子どもの色の感覚は，ないのに等しいのです。したがって，使う色は概念として知覚している色か，まったくの思いつきの色でしかありません。しかし，子どもには，ほんとうの自分自身の感覚や感情と結びついた色の世界（色の感覚）を獲得させていかなければなりません。そのために，必要なのが，生活の中の色をきめこまかに感じるための「観察の活動」です。
　　それは，具体的な自然や身のまわりの事物の「観察」をとおして，実際の自分の感覚や感情と結びついた色の感じ方を獲得させていくことです。 |
|---|---|
| 指導のポイント | 　　中でも重視したいのは，人工物の色ではなく，さまざまな自然のもつ色です。四季をつうじてさまざまに現れる自然の色と向き合い，色をつくることをとおして，そこに見られる色の多様さと味わいの深さを自らの生活感覚や生活感情でとらえさせます。そして，色の美と醜を感じ分け，味わわせます。 |
| 準備するもの | 観察する自然のもの（木の葉，野菜，野草などなるべく平面的なもの）。えのぐ（固形えのぐ8色），筆（習字の細筆）。サインペン（エンピツ）。 |
| 活　　動 | ○対象の色あいを観察します。（どんな色？　きれい？　好き？　嫌い？）
　どこが，どんな色あいをしているかを，くわしく探ります。
○対象の色をつくり（えのぐの混色）着色します。（必ず試しぬりをする）
　えのぐの混ぜ方と水加減（筆の）に注意しましょう。
　（結果的には，対象と同じ色になりませんが，そこに個別性が生まれる） |

4 ものをつくる

4歳児　かごめかごめ（ねんどでつくる）

指導のねらい

　子どもたちはねんどでつくる活動を，絵を描くよりも喜びます。それは，絵よりも，"かたまり"としての現実感（リアリティー）をもつ具体性のあるものだからです。

　4歳児であれば，ほとんど，園で用意されている油ねんどでものをつくる活動は体験しています。"こねる""かためる""つぶす"というような，ねんどの可塑性を日常的に体験させることがねんどに慣れるポイントであり，このような活動を十分に体験させることが大切です。

　その上で，ソーセージ人形のつくり方を子どもたちに教え，そのつくり方で自分をつくり，みんなと遊ぶ"遊び"のようすを，みんなのつくった人形で構成し，再現させます。

　この時期，子どもたちの日常の生活体験の中で，強い実感のあるものは"遊び"です。みんなと遊ぶ"遊び"のおもしろさに夢中です。

　このような"遊び"を取り上げて，それをいきいきと再現し，構成させたいものです。

指導のポイント

　子どもたちが，ねんどで人をつくるとき，人の体の部分にこだわってつくるので，ねんどのかたまりは，人の姿にはなりません。"頭"と"手，足"のまとまりは，ソーセージ人形のつくり方でつくると，大体，人の姿，形になります。このつくり方で，人（自分）をつくって構成します。

準備するもの

　油ねんど（子どもの両手でひとにぎりのねんど）。
　ねんど用のヘラ（細かなところをつくるときに使う），ねんど板。

展開（流れ）

○ねんどで自分をつくりましょう。
　ソーセージ人形のつくり方を教えます。
- ねんどを少し取って，まるめ，頭の部分をつくります。
- ねんどを2つに分けて，両手の手のひらで，まるめるようにのばして，2本のソーセージの棒をつくります。
- 2本のねんどの棒を，真ん中でくっつけ，両端を左右にまげます。
- 頭の部分を真ん中にくっつけます。

○遊びの中で自分は，どんなにしているか，動作を考えてつくります。
○つくった人形を他の友だちとつないで，遊びを構成します。

4 ものをつくる

かごめかごめ（ねんどでつくる）

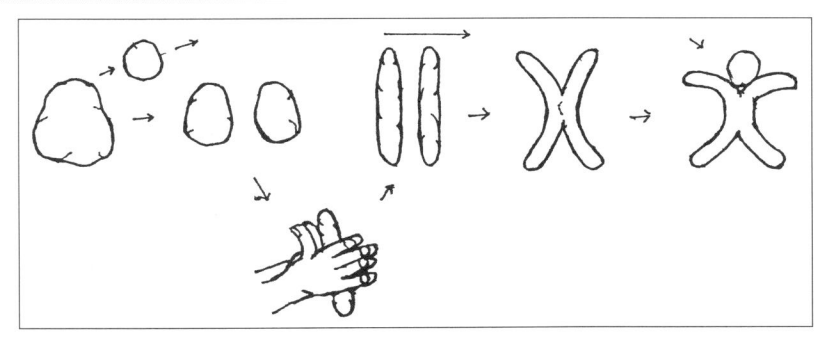

ソーセージ人形のつくり方

○右上のねんど作品は，子どもたち一人ひとりが油ねんどで自分をつくり，友だちとつなぎ合わせて，"かごめかごめ"のあそびのようすを構成したものです。
　手をつないで構成された子どもたちのそれぞれの姿が，表情豊かにつくられています。
○左下の作品は，"田の字おに"のあそびを構成したものです。
　子どもたちの，あそびの中の動きがいきいきとつくられ，構成されています。

● 指導のポイント ●

　ソーセージ人形のつくり方は，油ねんどで2本のソーセージのような棒をつくり，それをくっつけて両端を開き，その上に頭の部分を加え人の形をつくります。

5歳児　わたしと家の人（ねんどでつくる）

指導のねらい　ねんどによる表現は，子どもたちがねんどの可塑性（どんな形のものにもなるという特性）を楽しむだけでなく，"かたまり"としての量感をつくることをとおして感じとり，身につけることです。

　当然のことながら，このねんど体験の基本となる"こねる""かためる""つぶす"という活動が十分に重ねられていくことが大切ですが，「何をつくるか」というつくる対象を選ぶことも重要なポイントです。子どもたちそれぞれが体験している生活体験，中でも，身体をとおして獲得している動きや動作の感覚と，さまざまな関係をとおして交わされる感情の交流が，重要な働きをするのです。

　このような体験的な感覚と感情の実感が，"かたまり"として量感を確かにし，ものや人との関係もしっかりととらえられるようになるのです。

　ねんどで人や動物をつくるとき，つくる対象を，最も深く関わり合う身近な家族やものにしぼって，その人や動物の関係をとおして量感をとらえ，いきいきと表現させたいものです。

指導のポイント　子どもたちにとって，身のまわりの家族や動物とは，日常的な関係をとおして，最も親密な感情の交流があります。この親密さの中の実感をもとにして，それぞれの人や動物の量感をとらえるようにすることです。

準備するもの　土ねんど（ひとり当たりの量は，先生の両手で丸めたくらいより少し多め）。ねんどベラか，その代わりになるヒゴ，竹の箸（ねんど板）。

展開（流れ）
○きょうは，ねんどで，わたしとおうちの人をつくりましょう。
- 「おうちの人は，大好きな人。おかあさんやおとうさん，おにいちゃんやおねえちゃんなど。おうちで飼ってるねこやいぬでもいいよ。」
- 「わたしと，何をしているときのことをつくるか，考えて決めてね。」

○わたしとだれか。決めた人をつくりましょう。
- 体と手や足からつくります。（頭はあとからつくってくっつける）
  つくったものの大小を考えて，しっかりと立つようにつくらせます。
- 「わたしとだれが，どんなにしているか」よく思い出させてつくります。
  とまどっている子には，個別に話し合ってイメージを確かにします。

○つくった作品を見せ合って，その感じを話し合いましょう。

4　ものをつくる

わたしと家の人
（ねんどでつくる）

○左上の作品は，「買い物にでかけるおかあさんとわたし」をつくったものです。"かたまり"としての人物の量感が，表情とともにいきいきと伝わってきます。

○右上の作品は，「犬のさんぽをするわたし」をつくったものです。犬とわたしの関係が動きや表情をとおして，いきいきと表現されています。

○下中央の作品は，「登園するときのぼく」をつくったものです。全体にずんぐりしたかたまりになっていますが，その体についているもちものなどが，ていねいにつくられ，表情も豊かに表現されています。

●指導のポイント●

　ねんどで表現するときも，大切なのは子どもたち自身の生活体験が，実感のあるものとして体験されていることです。この実感のある体験がつくる内容をいきいきとしたものにするのです。

下の作品は，紙ねんどでつくった「にわとり」です。この"にわとり"は，ただ"にわとりをつくろう"と働きかけてつくったものではありません。園で飼っている"にわとり"との日々の関わりがあって，その"にわとり"を保育室につれてきて，いっしょに生活するような活動をとおして，その生態を深くつかみとる観察の上で製作された"にわとり"です。

にわとり
　（ねんどでつくる）

○上中央の作品は，はねを逆立てて砂あびをするにわとりをつくったものです。
○左下の作品は，あたりを気にしながら，卵を抱くにわとりをつくったものです。
○右下の作品は，お尻のはねを逆立てて，卵を産むときのにわとりをつくったものです。

---●　指導のポイント　●---

　ねんどのような"かたまり"で表現する活動では，対象の全体像をよく見てとらえようとするのではなく，対象とする"にわとり"との具体的な関わりをとおして，そのさまざまな行動を，子ども自身の生活行動と対応させながら深く観察することです。

4　ものをつくる

5歳児　野焼きをする

指導のねらい	この野焼きは，ねんどを練り，成型することからはじめて，野焼きをし，焼き上げるまでの一連のしごととして設定します。 　子どもたちにとって大切なのは，ねんどを練り，成型することであり，それに付随して，焼くための作業と焼き上げる過程の観察や体験です。 　ねんどを練り，成型する活動では，実際にねんどが，どんなものにでもなるという"可塑性"を，子どもたちに実感させることです。そして，その活動の中で，手をとおしての触覚（身体感覚）を磨いていきたいものです。 　焼くための作業と焼き上げる過程の観察や体験では，主要な作業のポイントは指導する側が対応しますが，子どもたちには，その作業に協力するという形で，材料を運んだり，作業を手伝ったりする活動を設定します。 　ここでは，働くという身体の活動と，共同するという集団活動の中で，子どもたち一人ひとりの意識や感性の働く総合的な活動として展開します。
指導のポイント	この一連の活動を，子どもたちが意欲をもって取り組むための動機づけをどのように設定するか。ねんどを練り，お皿をつくるという活動の中でどのような身体の感覚を磨くのか。また，働くという活動と，共同するという活動の中で，何を学び，感じとらせるか。このような総合的な活動の中で押さえるべき指導のポイントを明確にすることが大切です。 　この活動では，指導する側の作業の押さえどころも大切です。資料で下調べをして取り組みましょう。

準備するもの	ねんど（焼くことのできるねんどを用意する）。 ・お皿ぐらいのものをつくるには，大人が両手で握れるくらいの量。 野焼きをするために用意するもの ・耐火レンガ（炉を組むためのもの），燃料（木切れ，木材，もみがら）。
展開 （製作過程）	・陶器について調べる。（素焼きの陶器（古代の焼きもの）を見学する） ・ねんどを練る。（ねんど（焼きものにするねんど）の脱気（空気を抜く）） ・お皿をつくる。（成型するときのねんどの扱い方）乾燥させる。 ・野焼きをするための場所の設定と燃料の準備，設定。 ・野焼きの火の扱い方と対応。（温度の管理） ・焼き上がりの処理。（時間をおいて，子どもたちに取りださせる）

野焼きをする

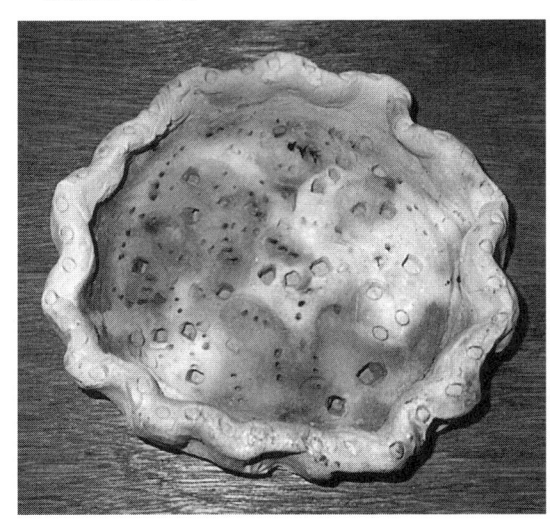

　上の写真は、ねんどでつくったさらを、園庭で野焼きした作品です。

◆見学

　野焼きをする前に、"埋蔵文化センター"へ見学にいきました。

　住居や器など、生活に必要なものを、自分たちの手でつくりだしていた昔の人のくらしを、再現された竪穴式住居や発掘された土器を見学して、知るためです。

　子どもたちは、センターの研究員の人から、「昔の人は、家を建てるとき、おとうさんや近所の人が力を合わせて建てていたんだよ」「昔の人は、お皿も野菜もみんな自分でつくっていたんだよ。魚もお肉もとりにいってたんだよ」という話を聞いて、「昔の人はすごいねー」と感動していました。

4 ものをつくる

◆ねんどのお皿つくり

○ねんどは，最初に，力を入れて練りこみ，まるめてたたきつけたりして，脱気（土の中の空気を抜く）をします。

○ねんどは，あまり固くならないように練り上げます。

　（このしごとは，先生がする）

○ねんどで形づくりをします。

　アルマイトの器に土を入れて，のばし，形をつくります。

　ストロー，フォークなどを使って模様をつけます。

　（土の量は器の大きさで加減する）

○つくったお皿は，約10日間ほど乾燥させます。

◆野焼きのまきつくり

野焼きをするまでに，園の古い机や家を解体した木切れなどを集めておき，ノコギリで切っておきます。（囲ったレンガの上に組みやすいような長さに切る）

◆野焼きをする

園庭の真ん中に，トタン板を敷いてその上に耐火レンガを並べ，炉を組みます。その中につくったお皿を並べワラやモミガラを入れ，その上に木切れを組んで火を入れます。

（P.129の留意事項参照）

「うまく焼けるかなー」と子どもたちは胸をときめかせ，燃える火を見守っています。
　火が燃え上がってきて5分くらいたったころ，パンパン，ボンと大きな音。驚きのあまり友だちと抱き合って見ていた子が，「あっ，お皿割れて，飛び散っている」と叫びました。
　息を殺して一心に見守る子どもたち。「あっ，割れるとき，お皿飛びはねてる」「ほんまや，ほんまや」。
　火がおさまって燃えつきたあと，子どもたちは割れたお皿のかけらをひろいながら，「何で割れたのやろ？」「土に空気，入ってたのかな？」「お皿，うすいところあったのかな？」といろいろ話し合っていました。

○こうして，最初の野焼きは子どもたちのお皿がほとんど割れて失敗に終わりました。
　これは，火入れから，焼き上げまでの火の温度の調整が悪かったようです。（木切れのまきが多かったこと。"モミガラ"の量が少なく，一気にたき火の温度が上がったため）

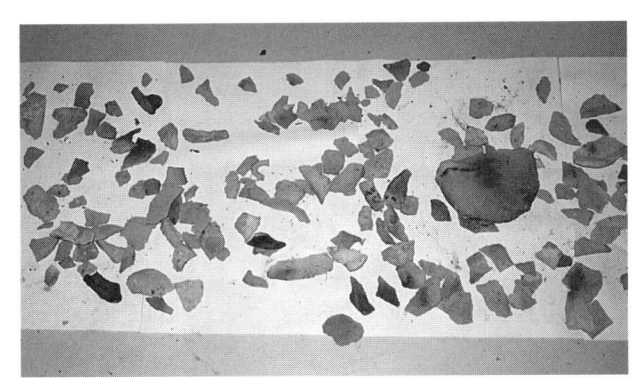

○そこで，もう一度お皿をつくり直し，最初のときのように，一気に温度が上がるような燃やし方をしないように"モミガラ"もたくさん入れて，じっくりと時間をかけて焼くことにしました。

◇焼き上がり
　火が十分に燃えつきたあと，灰をかき分け，お皿を取りだしました。
　（燃えつきたあと，4時間くらい）
　（先生が十分に確かめる）

　「色が違う。黒い色してる。どうしてかな？」「でも，割れてない，割れてない」などと口々に話しながら，焼き上がった自分のお皿を取りだして，ながめていました。
　"どうして，焼き上がりが黒くなったか"について説明を聞いたあと，子どもたちは，それぞれのお皿を大事そうになでながら，その焼き上がりを楽しんでいました。

4　ものをつくる

野焼きをするにあたって留意すること

◆ねんどを練るとき

　使うねんどは「焼成ねんど」。(焼き物にするねんど)

　成型する前に,ねんどを脱気するため十分に練りこむ。

◆野焼きのまきにする木切れ

　家を壊したときの廃材や園の廃机など木切れを早くから集めておく。

◆野焼きの場所と場の設定の仕方

　まわりに建物がない場所。園庭の中央に焼くところを設定する。

　　　　　　　　場の設定の仕方

◆野焼きをする時間と温度

　焼く時間　約2時間

　じっくりと温度を上げていって炎の中心が透明な色になるくらい(800度)の温度を40分くらい持続させる。

　火が消えるまでの約4時間くらいそのままにしておく。

◆注意すること

　○火を使うのですぐに消火できるよう水を入れたバケツなどを準備しておく。

　○火の粉が飛ぶので,子どもたちを火に近寄らせないようにすること。

　○焼き上がるには時間がかかるので,必ず,だれか火の管理をする人を配置しておく。
　　(火から目を離さないこと)

　○火が落ちてからあとも,子どもたちを焼き場に近寄らせないこと。

　・完全に火が消えるまで焼き場に入らない。(火が残っていないか先生が確かめる)

　・火が完全に消えても,焼き場の中は熱がこもっていて熱いので十分注意すること。
　　(必ず手袋を使って焼いたものをさわること)

　・火を扱うのでもよりの消防署へ届け出ておく。

5歳児　自然の色を染める

指導のねらい	染色の活動は，媒染の準備が大変ですが，染めるしごとは意外に単純で，幼児でもできるしごとです。子どもにとっては，布が色に染まることがふしぎであり，驚きでもあります。そのふしぎにいどむ子どもたちの心のときめきがこの活動を支えているのです。 　その上，この子どもたちのふしぎと驚きの感情を，さらに大きくしているのが自然を素材にするということです。子どもたちの身のまわりにある木の葉や野草，野菜を使って色染めをすることで，色のふしぎに出会う驚きと楽しさがあります。 　子どもたちはこの活動をとおして自然の力のふしぎさを体験し，ほんとうの色のもつ美しさを味わい，自然を見る目，色を見る目を培っていくのです。
指導のポイント	ここでは，媒染液をつくるしごとは先生の手で行い，子どもたちには，何で染めるか，染める素材の採集や準備にポイントをおいて取り組ませます。 　どのように染めるか，では，基本的な扱い方はきちんと指示しますが，どのように色が出てくるか，子どもの実体験としてその驚きを実感させることが大切です。
準備するもの	何で染めるか。素材（しその葉）の設定（何がよく染まるか調べておく）。 媒染液の作成（本や専門家の指導を受けて取り組む）。 何を染めるか（ハンカチか，それくらいの大きさの布）。 染めた布の水洗いする場所，布を干す場所の設定，準備。
展開 （製作過程）	しその葉で染めます。 ○しその葉の採集。（しその葉の観察と描写をする）煮るための準備。 ○媒染液の作成。 　この作業は，本で調べるか，専門家の指導を受けて先生が製作します。 ○染めるための，作業の準備。 　染める布の模様づくり。絞り込みを入れる。（子どもたちの活動） 　媒染液を煮立てる。布の洗い場と干し場の設定。 ○染める。（子どもたちの活動）（液の中で扱う長い箸の用意） 　いっせいに鍋の中に沈める。約20分間の煮込み。水洗い。干す。 ○子どもたちの活動のようす（つぶやき）をできるだけ記録しましょう。

4 ものをつくる

自然の色を染める

　園では，年間をとおして，子どもたちに自然の草木を使って染める活動を体験させていきました。5月，たまねぎの染め。7月，くずの葉染め。しその葉染め。10月，いもの葉染め。栗のイガ染め。

◇たまねぎ染め

　染めの活動のはじめは，"春を染める"ことから，と計画していたのですが，野草の開花がおくれたため，身近な野菜，「たまねぎ染め」からはじめました。

○輪ゴムを布にまきつけ"しぼりこみ"をします。
○たまねぎの皮を煮出しておいて染めの液をつくります。
○布を入れて染めるとき，いっせいに鍋の中に沈めます。
　（約20分煮染めます）

　「あっ，色変わった」「たまねぎの皮の色や」と子どもたちは驚きの声を上げます。
　水洗いをした布（ハンカチ）を干しながら○さんが「たまねぎの皮で，こんなことできるんや。おかあさん今までほかしてたわ」。そばにいた子も「ほんまや，ぼくのおかあさんも，いつも，ほかしてたわ」「これから，残しとこな」「集めとこな」。自然のものは，いろいろ利用できることに気づいたようです。

◇しその葉染め
　7月は，園庭の"しその葉"を使ってしぼり染めをしました。

　「このにおい，知ってる？」「食べたことある」「梅干しのにおい」などと子どもたちは，しその葉を取りながら話していました。
　子どもたちは，しその葉で染めた色を見て，「うわー，葉っぱから出た紫の色や」と歓声を上げていました。

◇いもの葉染め
　10月，園の"いも掘り"で取ってきた"いもの葉"で染めました。

　子どもたちの，輪ゴムでしばりつけ，しぼりこむ手つきも，染めの回数を重ねていく間に一段と上達し，なれた手つきで「このあたりに，もうひとつ模様，つくろうかな」「ここは，二重にしよう」などと，くふうし楽しみながらやっていました。
　子どもたちは，染め上がったハンカチのにおいをかいで「おいもの葉っぱのにおいがする」「畑のときと同じ……」とうれしそうに話していました。

4　ものをつくる

5歳児　ダンボールで車をつくろう

| 指導のねらい | ダンボールで車をつくる活動は，ダンボールという素材の特質を押さえることからはじめ，それを使って動く車をつくり上げる過程を設定します。
子どもたちは，この活動の中で，目と手を，感覚や感情の働きを原動力として活発化し，思考し，想像する活動を展開します。いわば，全人格的な総合活動のひとつとして，展開するものです。もちろん，このような活動は，その後の科学や技術の教育につながる大切な活動です。
幼児期の子どもにとって，動く車をつくるというのは，大変困難なしごとです。そのために，動くための原理をとらえることと，車輪をつくる技術を実際の活動の中で習得させ，共同することの大切さを知ることも重要です。
紙でつくられたダンボールは，紙でありながら，紙以上の働きをしているものです。この特質を，子どもたちが実際に，壊すとか，破るとかする活動をとおして発見させ，とらえさせていきます。とくに，幼児期の子どもたちの知覚の世界を広げていくためには，身体の行為，行動をとおした感覚的なとらえ方が重要です。 |
|---|---|
| 指導のポイント | 1) ダンボールの箱を壊す，破るという活動は，その特質をとらえるために，何よりも大切な活動です。活動のポイントを押さえて，十分に取り組ませましょう。
2) 動くための原理"コロの原理"を，あそびの中で体をとおして理解させることも大切です。
3) 車輪をつくるためのダンボールを，円形に切る手段や方法を事前に検討しておいて，子どもたちに取り組ませましょう。（ノコギリで切る） |

| 準備するもの | ダンボール箱（車の数に合わせて十分すぎるくらい用意する）。
ダンボールを切るためのノコギリ，車輪の軸にする丸い棒（50cmくらい），接着剤（はり合わせるためのボンド），彩色に使うえのぐ（ポスターカラー）。 |
|---|---|

| 展開
（製作過程） | ○ダンボールを壊す，破る。（観察，行為をとおして気づかせる活動）
○コロの原理をとらえる。（あそびをとおして実験し，つかませる）
○車輪の製作。（5～6人のグループで1台の車をつくる）
　車輪の大きさの設定（直径28 cm）。作図。ノコギリで切る。
○期間の長い作業です。子どもたちの意欲を持続させるくふうが大切です。 |
|---|---|

ダンボールは，手に入れやすく，軽くて扱いやすい安全な素材です。しかも，ダンボールはものをつくっても丈夫で，つぶれにくく，耐久性もあり，切断，接着が容易な素材です。

◀ダンボールでつくった車
「うわーすごい，できた」

◇ダンボールって何？
　「紙って，どんなものがあるかな？」とたずねると，「画用紙」「色紙」「新聞紙」と紙の名前がたくさん出てきます。しかし，子どもたちは，ダンボールは紙だとは思っていなかったようです。
　子どもたちには，ダンボールは箱というイメージがあり，立体的な箱としての特徴を活かして"家""お風呂""鉄砲"などをつくって遊んでいます。

◇ダンボールを破ってみよう
　破りはじめると「あれー，中，こんなになってるよ」とダンボールの構造に気づきます。
　中の波状の部分を割りばしでこすると，音が出ます。子どもたちは，いろいろなこすり方で，音をだして楽しんでいました。
　また，それをくるくる巻いて，その中に砂を入れ，ふたをしてふると，マラカスのような楽器になります。
　今度は，破ったダンボールの断片を，何かに見立てて遊びます。
　破った断片を顔にあててひげをつけたり，破れた形を見て「あっ，これ，怪獣みたい」「これ，アヒルみたい」「これ，パンツ」などとイメージをつくって楽しみます。
　中の波状にそって破ると破れやすく，反対にすると破れにくいことがわかります。
　「何でかな？」ダンボールの表面の紙をはがすと，中の波状の紙が見えます。この波状の紙が破れやすさと破れにくさの原因です。子どもたちは，それに気づいたとき，「これや」と発見のよろこびの声をあげていました。

4　ものをつくる

◇動く車をつくろう

　車の製作に入る前に，"ころの原理"に気づかせようと，遊びの時間に，直径10cmの円柱の棒と，幅30cm×115cmの板を使って，その上に乗り，転がせて遊びました。

　タイヤは，ダンボールの板から，直径28cmの円形にノコギリで切りとりました。そして，15枚の円形に切ったダンボールの紙を重ねて接着し，1このタイヤにします。

　最初は，1枚切るのに20～30分かかりました。しかし，なれてくると，切るスピードも早くなり，30～40分で2枚，3枚と切るようになりました。

　グループ（5～6人）で1台の車をつくるのは大変です。子どもたちは競争しながら必死に車つくりにはげみました。

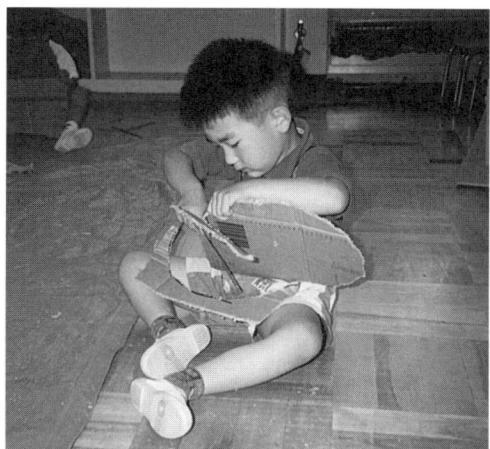

◀切るの，むずかしいなー

▲なー，ちょっとそこ押さえといて

◀転がるかな？

　「なー，ちょっとそこ押さえといて」「そこの○○貸して」「あと○枚やで，がんばろう」などと，協力したり励まし合って，けんめいに作業をすすめていきました。

　タイヤの着色も，他のグループのやり方を見比べて，模様つくりのくふうをしていました。

　子どもたちは，こうして，ひとつのものをつくる楽しさと，協力することの大事さを実感したようでした。

◆ うさぎ小屋をつくる ◆

子どものつくったうさぎ小屋が園庭の一角にあります。

このうさぎ小屋は，用務員のおじさんの力を借りて，5歳児26人で，約1カ月半かけてつくりあげたものです。

◯きっかけ

4月から飼育してきたうさぎのウーちゃん，サーちゃんに，9月，赤ちゃんが生まれました。しかし，ウーちゃんは，出産の準備もせず，子育てを放棄してしまったのです。

いろいろ苦心してミルクを飲ませたりして，けんめいに育てようとしたのですが，結局，赤ちゃんは5羽とも死んでしまいました。

◯話し合い

子どもたちは「どうして死んでしまったのか」「どうして"おっぱい"あげなかったのか」，話し合いました。「家がせまかったのかな」「ちゃんと，そうじしてあげなかったからかな」など，子どもたちと参考資料を使って調べました。

そして，「どんなにしんどくても，最後までがんばるから，おうち，つくってあげよう」という話になり，うさぎ小屋づくりの作業がはじまりました。

◯穴を掘る

うさぎが穴を掘って逃げないように，地面を掘り，セメントの壁をつくる作業からはじめました。スコップで土を掘り，バケツで運び出しました。雨の日以外，"掘る役""運ぶ役"を分けて，1カ月かけて掘りあげました。

◯セメントづくり

つぎは，洗面器で，セメントと砂と水を混ぜ合わせ，ブロックの穴に流し込む作業です。子どもたちは「セメント屋でーす」などといいながら，作業を楽しんでいました。

◯ペンキぬり

つぎは，建ててもらった柱に，ペンキをぬります。子どもたちは一日でぬりあげました。

◯完成

完成した小屋にうさぎを入れたとき，子どもたちは，そのようすをかじりつくように見守り，やりとげた喜びを噛みしめているようでした。

4 ものをつくる

■ ものをつくる指導〈指導の基本的なとらえ方・扱い方〉■

指導のねらい

　　人間の"文化"の源は，"ものをつくる"という活動です。"ものをつくる"という活動は，他の動物と違った人間のもつ人間特有のすぐれた能力であり，活動です。

　　教育（指導する）というのは，子どもたちのこうした"文化の創造"に向かう人間特有の能力を育むためのものであり，"ものをつくる"活動は，科学や芸術の教育につながる土台となるものです。

　　"ものをつくる"活動は，子どもたちの目と手を結び合わせ，思考し，想像しながらものごとの真実を発見し，学びとっていく科学や芸術の根底になる，いわば総合的な活動です。子どもたちは，この活動をとおして，身体でものごとをつかみ，発見していく「身体感覚」と「技術」を磨き，「思考」と「想像」を確かなものにしていくのです。

指導のポイント

　　"ものをつくる"活動は，まず，子どもたちが"ものに触れ""いじくりまわし""壊していく"活動を重視することです。子どもたちは，このような"ものとの関わり方"の中で身体の感覚や生命感覚を磨き，技術と思考力，想像力を身につけていくのです。

製作の準備

・何をつくるか。大切なのは，わたしたちの身のまわりの生活文化の基本となるもの（多少困難なものでも意味のあるもの）から，つくるものを選ぶことです。
・製作のための材料，用具は，指導する側で十分に吟味して用意します。
・製作に必要な時間は，できるだけ集中して取り組むように配慮しましょう。（ただし，長期にわたって部分的に扱う必要のあるものもあります）

展開（製作過程）

〇子どもたちの興味，関心を引くものの扱いを重視します。
　"ものに触れ""いじくりまわし""壊していく"活動。
〇"ことば"だけでの説明や指示は必要最小限にしましょう。
　子どもの身体の活動を重視します。（体で実感させる）
〇材料，用具は，指導する側で十分に吟味して用意し，与えます。
　指導する側の研究と実作業は大切です。（無理なものは，つくっておく）
〇何をさせるか。子どもに課していく作業を明確にして取り組ませましょう。
〇作業をとおして，共同し，協力する活動を重視します。（仲間づくり）

●編著者紹介

美教協 表現教育研究所
深田岩男
  美教協 表現教育研究所代表，元大阪教育大学教官（非常勤講師）
  著書　『小学校低学年の絵の指導』（編著，黎明書房）
  　　　『図工指導の疑問これですっきり』（一部執筆，黎明書房）他

●指導事例および作品（実践時）

今村学園 高槻幼稚園（大阪府高槻市高槻町 3-16）
  園長　山下多香子（やました　たかこ）
  教諭　林　知子（はやし　ともこ）
  　　　紙谷寿美子（かみたに　すみこ）
  　　　卜田真一郎（しめた　しんいちろう）
  　　　竹本　早美（たけもと　はやみ）
  　　　横田　亜希（よこた　あき）

社会福祉法人 阪神共同保育会 ぜんぽうじ保育園（兵庫県尼崎市善法寺町 8-10）
  園長　浅野美代子（あさの　みよこ）

生きる力を育てる3・4・5歳児の絵の指導

2007年11月30日　初版発行

編 著 者　表現教育研究所
　　　　　深田岩男
発 行 者　武馬久仁裕
印　　刷
製　　本　株式会社太洋社

発 行 所　株式会社　黎明書房

〒460-0002　名古屋市中区丸の内3-6-27 EBSビル　☎052-962-3045
　　　　　　FAX 052-951-9065　振替・00880-1-59001
〒101-0051　東京連絡所・千代田区神田神保町1-32-2　南部ビル302号
　　　　　　☎03-3268-3470

落丁本・乱丁本はお取替します。　ISBN978-4-654-01789-8

Ⓒ Hyogen Kyoiku Kenkyujo, I. Fukada 2007, Printed in Japan

乳幼児の絵画指導
スペシャリストになるための理論と方法
Ｂ５・79頁　2300円

芸術教育研究所監修　松岡義和著　0〜5歳児が，自分の描きたい絵を描けるようになるための指導の手順を詳しく解説。

技法別
0・1・2歳児の楽しい描画表現活動
Ｂ５・80頁　2300円

芸術教育研究所監修　松浦龍子・遠山由美子・丸山智子著　なぐり描き，タンポなど，技法別に楽しく取り組める指導法を紹介する。

0〜3歳児の描画指導
Ｂ５・171頁　2300円

芸術教育研究所・おもちゃ美術館編　3歳未満児の表現活動力を伸ばす指導法を，イラストを交えて紹介。混合保育の実践例を併録。

3・4・5歳児の描画指導12カ月
Ｂ５・160頁　2200円

芸術教育研究所・おもちゃ美術館編　飼っているインコや，友だちの横顔など，子どもたちが納得できる指導のプロセスを紹介。

テーマ別
楽しい幼児の絵の指導
Ｂ５・96頁　2300円

芸術教育研究所監修　松浦龍子著　言葉かけの例や描き方の手順など，3・4・5歳児が思わず絵を描きたくなる指導法を，テーマ別に紹介。

たのしく　たのしく絵を描こう
Ｂ５・136頁　3790円

多田信作著　遊びながら，どの子もたちまちすてきな絵が描ける，画期的な指導法を，イラストと写真で紹介。

描画のための色彩指導
入門編　付・色彩演習用カラーチャート
Ｂ５変型・113頁　5800円

芸術教育研究所編　画材の性質・使い方・混色の方法，色彩の基礎知識など，実際の指導に対応させて，オールカラーで紹介。

描画のための色彩指導
実技指導編
Ｂ５変型・127頁　5825円

芸術教育研究所編　好評の入門編に続き，色彩を効果的に生かした，幼児から中学生までの描画指導を体系的・科学的に解説。

小学校低学年の絵の指導
指導上の疑問に答える
Ｂ５・145頁　2600円

栗岡英之助監修　表現教育研究所編著　くらしの絵，お話の絵，版画，デザインなど，作品例を交え，58の指導上の疑問に答える。新装版。

表示価格は本体価格です。別途消費税がかかります。

書名	体裁・価格	著者・内容
子どもと遊ぶ美しい壁面構成	B5・94頁　2000円	かすみゆう・小林祐岐作　見て美しく。遊んで楽しい壁面構成を，季節に合わせて，月ごとにカラーで紹介。一部型紙付き。
クラス担任のアイディアBEST65&基礎知識	A5・93頁　1600円	グループこんぺいと編著　子ども達の登園から降園までの毎日の活動や，入園式から卒園式までの行事に使えるアイディアを満載。
活動を始める前のちょこっとシアターBEST41	A5・93頁　1600円	グループこんぺいと編著　子ども達が集中しないときに，子ども達の心をギュッとつかむ簡単シアターを，言葉かけの例と合わせて紹介。
クラス担任のための表現活動の行動計画表づくり〈0～5歳児〉	B5・78頁　1900円	芸術教育研究所監修　平井由美子編著　リズム遊びなどの様々な表現活動を，3カ月から1年にわたって展開するための行動計画表の実際。
幼稚園・保育園の楽しい食育あそび42　CD付：「食育のうた・おなかがグー」	B5・93頁　2000円	石川町子著　みんなで遊びながら食べ物に親しめ，食べ物の役割を理解できる食育あそびを紹介。楽しい食育のうたのCD付き。
食育なんでもQ&Aセレクト41	A5・94頁　1600円	グループこんぺいと編著　子どもの食に対する悩みや，幼児に欠かせない食事のマナー，食の環境など，おさえておきたい疑問に答える。
子どもと楽しむ食育あそびBEST34&メニュー	A5・93頁　1600円	グループこんぺいと編著　五感を使った，竹の子，大根など四季の食材との遊びを通して，食べることが楽しくなる本。料理のレシピ付き。
先輩が教える保育のヒント〈運動会・生活発表会・作品展〉40　CD付：ヒップホップふうにアレンジ「おにのパンツ」	A5・94頁　1800円	グループこんぺいと編著　毎日の保育を行事につなげ，行事を成功させる秘訣を大公開。運動会・生活発表会に使えるCD付き。
「まっ，いいか」と言える子を育てよう　協調性のある，柔軟な心の育て方	四六・167頁　1600円	諏訪耕一著　幼児期から児童期に，社会に適応できる柔軟な心を育てるポイントを，幼稚園・保育園などでの実例を通して紹介。

表示価格は本体価格です。別途消費税がかかります。